# 챗GPT로
# 대화하는 기술

인공지능 전문가가 알려 주는

# 챗GPT로 대화하는 기술

**초판 1쇄 발행** 2023년 7월 3일

**지은이** 박해선 / **펴낸이** 김태헌
**펴낸곳** 한빛미디어(주) / **주소** 서울시 서대문구 연희로2길 62 한빛미디어(주) IT출판1부
**전화** 02-325-5544 / **팩스** 02-336-7124
**등록** 1999년 6월 24일 제25100-2017-000058호
**ISBN** 979-11-6921-107-9 93000

**총괄** 배윤미 / **책임편집** 이미향 / **기획** 윤진호 / **편집** 석정아
**디자인** 박정화 / **일러스트** 이진숙 / **전산편집** 김현미
**영업** 김형진, 장경환, 조유미 / **마케팅** 박상용, 한종진, 이행은, 김선아, 고광일, 성화정, 김한솔 / **제작** 박성우, 김정우

이 책에 대한 의견이나 오탈자 및 잘못된 내용에 대한 수정 정보는 한빛미디어(주)의 홈페이지나 아래 이메일로
알려주십시오. 잘못된 책은 구입하신 서점에서 교환해 드립니다. 책값은 뒤표지에 표시되어 있습니다.
**한빛미디어 홈페이지** www.hanbit.co.kr / **이메일** ask@hanbit.co.kr

지금 하지 않으면 할 수 없는 일이 있습니다.
책으로 펴내고 싶은 아이디어나 원고를 메일(**writer@hanbit.co.kr**)로 보내주세요.
한빛미디어(주)는 여러분의 소중한 경험과 지식을 기다리고 있습니다.

인공지능 전문가가 알려 주는

# 챗GPT로
# 대화하는
# 기술

박해선 지음

**IB 한빛미디어**
Hanbit Media, Inc.

챗GPT 열풍이라 해도 과언이 아닙니다. 이미 서점에 챗GPT에 대한 책이 가득하고 뉴스와 인터넷에는 챗GPT와 인공지능에 대한 새 소식이 들려옵니다. 여러분이 이 책을 읽고 있을 즈음에는 어쩌면 또 다른 새 기술이 등장했거나 동향이 바뀌었을 수도 있습니다. 그럼에도 나만의 방식으로 인공지능 이야기를 풀어내고자 했습니다.

스마트폰을 사용하려면 스마트폰에 담긴 기술을 알아야 할까요? 대부분의 사람들이 스마트폰을 사용하지만, 그를 움직이는 기술을 알고 있는 사람은 많지 않을 것입니다. 그러나 비록 전문가만큼 자세히 알지 못하더라도 운영체제와 브라우저 같은 애플리케이션의 역할을 이해하고 있다면 더 자신 있게 기술의 발전을 향유할 수 있을 것입니다.

사실, 챗GPT나 미드저니 같은 인공지능 서비스를 사용하는 데, 반드시 기술의 배경이나 원리를 알아야 하는 것은 아닙니다. 어쩌면 전혀 알 필요가 없을 수도 있죠. 그러나 적어도 인공지능이 폭발적으로 발전하는 지금, 이론은 고리타분한 백면서생의 것이 아니라 시대의 파도에 뛰어들 도약의 발판일 것입니다. 짜릿한 격동의 시대를 만끽하기 위해 필요한 최소한의 지식을 엄선하여 담았습니다. 기술을 경쟁자로 삼고 두려워하기보다는, 익히고 활용하며 즐길 수 있도록요. 이것이 이 책을 쓴 이유입니다.

프로그래밍을 공부하지 않아도, 인공지능에 대해 잘 몰라도, 모두 인공지능과 신경망의 원리를 이해할 수 있도록 쉽게 설명하려 노력했습니다. 이 책을 읽은 독자로부터 "아~ 인공지능이 뭔지 이제 대략 알겠어"하는 감탄사를 들을 수 있다면, 저자로서는 더할 나위 없는 성취가 될 것입니다. 챗GPT와 같은 인공지능 서비스를 사용할 때, 이 책을 떠올리며 자신감을 가질 수 있길 바랍니다. 인공지능에 대해 본격적으로 배우고 싶다면, 제 블로그에 방문해서 다양한 자료를 읽고 적절한 도서를 찾아보세요. 처음엔 모든 게 어려워 보이겠지만 한 걸음 한 걸음 나아가면 꼭 목표를 이룰 수 있을 거예요.

그 외에 궁금한 점, 전하고 싶은 말이 있다면 블로그에 댓글을 달아 주시거나 이메일로 연락 주세요. 이 책에 관한 이야기라면 무엇이든 환영합니다. 가볍게 대화를 나눌 수 있는 카카오톡 오픈채팅도 있습니다. 함께 소통하고, 인사이트를 공유하면 좋을 듯합니다.

끝으로, 감사한 분들께 인사를 전하며 마치겠습니다. 책을 만드는 데 많은 도움을 주신 한빛미디어 석정아 님께 감사드립니다. 둔탁한 글을 교정하고 최신 내용을 반영하는 데 많은 도움을 받았습니다. 언제나 웃으며 응원해 주시는 니트머스 김용재 대표님께 감사드립니다. 편안한 집필 공간을 제공해 주신 마포중앙도서관 교육센터팀, 감사합니다.

마지막으로 언제나 명랑한 우리 가족 주연이와 진우에게 고맙고 사랑한다는 말을 전합니다.

2023년 6월

박해선

## 키워드로 보는
### 학습 로드맵

원리부터 실습까지 꼭 필요한 개념만 알차게 담았습니다.
각 챕터의 키워드를 살펴보며 책의 내용을 한눈에 정리해 봅시다.

## LESSON

### 원리부터 제대로 시작하는 인공지능

### Chapter 01

인공지능
☆ 머신러닝
☆ 딥러닝
오픈AI
GPT

인공지능은
어떻게
발전해 왔을까?

### Chapter 02

경사하강법
☆ 피드 포워드 신경망
☆ 순환 신경망
원핫 인코딩
☆ 임베딩
시냅스
GPU

뼛속까지
들여다 보는
인공지능의 비밀!

### Chapter 03

인코더와 디코더
어텐션
☆ 트랜스포머
강화 학습
프롬프트

챗GPT는
왜 혁신일까?

그림으로 배우는 인공 신경망 원리!

# PRACTICE

일과 삶이 편해지는 챗GPT 활용부터 손쉬운 이미지 생성까지

> 다양한 실전 예제로 프롬프트 연습하기

> 인공지능은 어떻게 이미지를 생성할까?

**따라 하며 익히는 인공지능 활용!**

# 이 책의
## 구성

**이해하고, 따라 하며 차근차근 배우는 인공지능**
**효율적인 구성으로 단번에 실습까지 점프!**

## 이해하기

친절한 설명과 그림으로
쉽게 이해하는 인공지능 원리

이렇게 정답에 가까운 값을 점진적으로 찾아가는 기법을 **경사 하강법**gradient descent이라고 부릅니다. 인공지능은 곱셈 접시 게임을 많이 할수록 능숙해집니다. 인공지능의 기초적인 알고리즘인 경사 하강법은 이제 전부입니다. 쉽죠? 하지만 이런 곱셈 접시가 아주 많이 쌓이면 놀라운 일을 해낼 수 있습니다.

## 따라 하기

단계별로 차근차근
따라 하며 시작하는 챗GPT

### 챗GPT 가입하기

**01 챗GPT에 접속하세요.**

챗GPT 홈페이지(https://chat.openai.com)에 접속하면 다음과 같이 로그인Log in 또는 회원 가입Sign up 중 하나를 선택할 수 있는 화면을 볼 수 있습니다. 여기서는 회원 가입을 위해 [Sign up]을 클릭합니다.

■ 만약 이전에 로그인한 적이 있다면 바로 채팅 화면이 나타납니다. 이미 가입했지만 로그아웃된 상태라면 [Log in]을 클릭하세요.

## 대화하기

다양한 실제 사례로
직접 활용하는 챗GPT

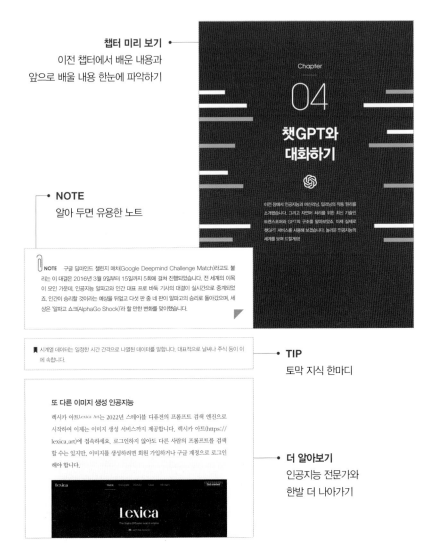

**챕터 미리 보기**
이전 챕터에서 배운 내용과
앞으로 배울 내용 한눈에 파악하기

Chapter

04

**챗GPT와
대화하기**

이전 장에서 인공지능과 머신러닝, 딥러닝의 작동 원리를
소개했습니다. 그리고 자연어 처리를 위한 최신 기술인
트랜스포머와 GPT의 구조를 알아봤으죠. 이제 실제로
챗GPT 서비스를 사용해 보겠습니다. 놀라운 인공지능의
세계를 보여 드릴게요!

**NOTE**
알아 두면 유용한 노트

**NOTE** 구글 딥마인드 챌린지 매치(Google Deepmind Challenge Match)라고도 불
리는 이 대결은 2016년 3월 9일부터 15일까지 5회에 걸쳐 진행되었습니다. 전 세계의 이목
이 모인 가운데, 인공지능 알파고와 인간 대표 프로 바둑 기사의 대결이 실시간으로 중계되었
죠. 인간이 승리할 것이라는 예상을 뒤엎고 다섯 판 중 네 판이 알파고의 승리로 돌아갔으며, 세
상은 '알파고 쇼크(AlphaGo Shock)'라 할 만한 변화를 맞이했습니다.

▌시계열 데이터는 일정한 시간 간격으로 나열된 데이터를 말합니다. 대표적으로 날씨나 주식 등이 이
에 속합니다.

**TIP**
토막 지식 한마디

**또 다른 이미지 생성 인공지능**

렉시카 아트Lexica Art는 2022년 스테이블 디퓨전의 프롬프트 검색 엔진으로
시작하여 이제는 이미지 생성 서비스까지 제공합니다. 렉시카 아트(https://
lexica.art)에 접속하세요. 로그인하지 않아도 다른 사람의 프롬프트를 검색
할 수 있지만, 이미지를 생성하려면 회원 가입하거나 구글 계정으로 로그인
해야 합니다.

**더 알아보기**
인공지능 전문가와
한발 더 나아가기

# 목차

Chapter

## 인공지능과 챗GPT

Chapter

## 인공 신경망의 작동 원리

Chapter

03

# GPT에 담긴 기술

Chapter

04

# 챗GPT와 대화하기

# 01

# 인공지능과 챗GPT

챗GPT는 작금에 가장 주목 받는 기술로서, 다양한 분야에 변화의 바람을 일으키고 있습니다. 우리가 이 놀라운 역사의 현장에 있다는 것만으로도 가슴이 뜁니다. 우리 앞에 펼쳐진 이 멋진 세상을 더 재미있고 효율적으로 여행하고 싶지 않으세요? 이런 기술들이 어떻게 동작하는지 그 원리를 알면 인공지능으로 둘러싸일 우리의 일상생활을 더 흥미롭게 꾸밀 수 있을 것입니다. 물론 업무에도 큰 도움이 될 거예요.

# 01

# 인공지능이
# 뭐죠?

알파고를 넘어 챗GPT를 당면한 바야흐로 인공지능의 시대, 우리가 인공지능을 일상으로 받아들이고 이롭게 쓰려면 인공지능에 대해 알아봐야겠죠? 로마는 하루아침에 이루어지지 않는다는 격언처럼, 기술 역시 점진적으로 발전해 왔습니다. 기술이 발전해 온 배경과 과정을 이해하면 그 기술에 대해서도 더 잘 알 수 있어요. 어려운 수학 공식은 없습니다. 누구나 이해할 수 있는 쉬운 비유와 그림으로 이야기를 풀어내 보겠습니다.

## 대화형 인공지능의 시작

일명 챗봇chatbot이라 불리는 **대화형 인공지능**은 이름 그대로, 인간과 기계 사이의 대화를 목표로 하는 인공지능입니다. 최초의 챗봇은 1966년 미국 매사추세츠 공과대학Massachusetts Institute of Technology, MIT의 인공지능 연구소에서 조지프 와이젠바움Joseph Weisenbaum에 의해 개발되었습니다. 챗봇의 이름은 일라이자ELIZA, 질문에 대답을 하는 간단한 대화형 프로그램이었죠. 초보적인 수준의 챗봇이었으나 유의미한 성과를 이루며 인공지능 역사에 이름을 남겼습니다.

하지만 일라이자 이후로는 좀처럼 성공적인 챗봇이 나타나지 않았습니다. 예를 들어 마이크로소프트Microsoft, MS가 인공지능 챗봇 테이Tay와 조Zo를 발표했지만 모두 성공하지 못했습니다.

그런 와중에 챗GPT의 등장이 판도를 완전히 뒤집었습니다. 챗GPT는 최초의 챗봇은 아니지만, 사람의 말을 놀랄 만큼 잘 이해하며 답변 또한 제법 자연스러워서 세간의 주목을 받고 있죠. 2016년 3월, 딥마인드DeepMind에서 개발한 인공지능 바둑 프로그램인 알파고AlphaGo가 이세돌 9단에 승리한 이래로 또다시 세상을 바꿔 놓을 인공지능이 등장한 것입니다. 어쩌면 챗GPT의 등장은 지금껏 겪은 바 없는 놀라운 일들의 시작에 불과할지 모릅니다.

> **NOTE** 구글 딥마인드 챌린지 매치(Google Deepmind Challenge Match)라고도 불리는 이 대결은 2016년 3월 9일부터 15일까지 5회에 걸쳐 진행되었습니다. 전 세계의 이목이 모인 가운데, 인공지능 알파고와 인간 대표 프로 바둑 기사의 대결이 실시간으로 중계되었죠. 인간이 승리할 것이라는 예상을 뒤엎고 다섯 판 중 네 판이 알파고의 승리로 돌아갔으며, 세상은 '알파고 쇼크(AlphaGo Shock)'라 할 만한 변화를 맞이했습니다.

## 인공지능이란?

인공지능Artificial Intelligence, AI은 사람과 같은 지적 활동을 모방하거나 그러한 활동을 돕는 컴퓨터 시스템을 말합니다. 인공지능을 구현하기 위해서는 여러 가지 기술이 필요합니다. 대표적인 기술인 머신러닝Machine Learning, ML을 포함하여, 자연어 처리natural language processing, 이미지 처리image processing, 로봇 공학robotics, 빅데이터big data, 인지 과학cognitive science 등 다양한 기술이 복합적으로 관여합니다.

모든 기술을 상세히 알아야 하는 것은 아닙니다. 하지만 머신러닝에 대해서는 조금 더 깊이 이야기할 필요가 있습니다. 인공지능에 대한 뉴스를 접할 때마다 함께 언급되는 **딥러닝**Deep Learning, DL 기술이 바로 머신러닝의 한 종류이기 때문이죠.

머신러닝은 인공지능의 한 분야로, 대규모의 데이터를 기반으로 어떤 규칙을 학습하게 하는 기술입니다. 머신러닝에서는 학습이라는 개념이 중요합니다. 예컨대 알파고는 바둑의 규칙을 학습했고, 챗GPT는 언어의 규칙을 학습했죠. 그 결과 인공지능은 유용함을 넘어, 놀라운 일을 해낼 수 있게 되었습니다.

바야흐로 인공지능과의 대화가 자연스러운 시대입니다.

## 딥러닝이란?

딥러닝은 머신러닝의 기술 중 하나입니다. 따라서 머신러닝과 마찬가지로 데이터에서 규칙을 학습하죠. 다음은 인공지능과 머신러닝, 딥러닝의 관계를 벤다이어그램으로 표현한 그림입니다.

딥러닝은 '깊다'는 의미의 'deep'과 '학습'이라는 의미의 'learning'을 합성한 말입니다. 따라서 '깊게 학습한다'는 다소 추상적인 뜻으로 받아들여지곤 하는데요. 이는 약간의 오해를 불러일으킬 수 있습니다. 앞서 머신러닝이 데이터에서 규칙을 학습한다고 했죠? 딥러닝은 데이터를 여러 단계에 걸쳐 학습하였다는 의미입니다. 이러한 방식을 통해 딥러닝은 뛰어난 성능을 갖추었습니다.

여기서는 간단히 딥러닝의 의미를 짚고 넘어가고, 딥러닝이 어떻게 규칙을 학습했는지는 다음 장에서 소개하도록 하겠습니다. 지금은 그에 앞서, 챗GPT와 GPT 모델을 개발한 인공지능 회사, 오픈AI에 대해 알아볼게요.

# 02

# 챗GPT는
# 누가 만들었나요?

챗GPT가 이름값을 올리고 있는 만큼, 챗GPT를 개발한 개발사 역시 유명세를 치르고 있습니다. 도대체 누가 이런 똘똘한 녀석을 만들어냈을까요? 챗GPT를 개발한 회사에 대해 알아보고 챗GPT의 성장을 간단히 살펴보죠.

## 오픈AI

오픈AIOpenAI는 2015년에 설립된 인공지능 연구 기업입니다. 최초이자 최고의 스타트업 액셀러레이터Accelerator인 와이 콤비네이터Y Combinator의 대표 샘 알트만Sam Altman, 실리콘밸리 최고의 투자자이자 소셜 미디어 링크드인LinkdlIn의 설립자인 리드 호프먼Reid Hoffman 등이 공동 창립자입니다. 지금은 사임했지만, 혁신적인 전기 자동차 회사 테슬라Tesla와 우주 탐사 기업 스페이스XSpaceX의 창업자 일론 머스크Elon Musk 역시 오픈AI의 설립 멤버였죠.

오픈AI는 인류의 더 나은 미래를 위하여 인간과 인공지능의 조화로운 공존을 추구하고, 인공지능의 핵심 기술을 연구, 개발 및 공유합니다. 이들은 구글이나 페이스북 같은 거대한 테크 기업이 인공지능 기술을 독점하는 것을 막고, 공공의 이익을 위한 인공지능을 개발하기 위해 오픈AI를 설립했습니다. 아이러니하게도, 지금은 오픈AI가 가장 두려운 인공지능 기업이 된 것 같지만요.

인공지능이 그려 낸 일론 머스크와 샘 알트만

오픈AI는 2016년에 강화 학습 개발 도구인 오픈AI 짐OpenAI Gym을 공개했습니다. 강화 학습은 시행착오를 무수히 반복하여 규칙을 학습하는 머신러닝 알고리즘입니다. 즉, 오픈AI 짐은 강화 학습에 필요한 시행착오를 소프트웨어적으로 구현할 수 있게 돕는 개발 도구죠. 챗GPT 역시 강화 학습을 활용해 개발되었습니다. 3장에서 강화 학습이 무엇인지 소개하고 챗GPT에 어떻게 활용되었는지 자세히 설명하겠습니다. 지금은 오픈AI가 뛰어난 강화 학습 기술을 보유한 회사라는 것만 알아 둡시다.

이후 오픈AI는 막강한 기술력과 자본을 바탕으로 GPT 시리즈와 대화형 인공지능 챗GPT, 이미지 생성 인공지능 DALL·E를 출시했습니다. 최근에는 마이크로소프트가 오픈AI와 손을 잡고 새로운 대형 언어 모델 프로메테우스Prometheus를 출시했죠. 그중에서도 챗GPT는 가장 대중적인 서비스로서 벌써부터 그 활용성을 인정받았습니다.

## 챗GPT와 트랜스포머

2018년, 오픈AI는 첫 번째 언어 모델인 **GPT**Generative Pre-trained Trasformer
를 공개했습니다. GPT의 각 알파벳이 의미하는 바를 살펴보면, 미리 학습된
Pre-trained 생성Generative 트랜스포머Transformer입니다. 앞서 머신러닝과 딥러
닝은 많은 데이터에서 규칙을 학습한다고 설명했습니다. 즉, GPT는 데이터를
'미리 학습'하여 언어를 '생성'할 수 있는 모델입니다. 그럼 트랜스포머는 무엇
이냐고요?

트랜스포머는 딥러닝 알고리즘 중 하나입니다. GPT는 특히 텍스트를 생성하
거나 문서를 요약하는 능력이 뛰어난데, 이것이 트랜스포머 덕분이죠. 언어를
다루는 분야에서 기존의 인공지능 모델들이 가지고 있었던 문제를 해결한, 인
간의 언어를 이해하는 데 뛰어난 성능을 보이는 알고리즘이 바로 트랜스포머
입니다.

2018년, 오픈AI는 첫 GPT 모델을 발표했습니다. 그리고 이 글을 쓰는 시점
인 2023년, GPT 시리즈는 GPT-4까지 출시되며 첫 번째 모델보다 성능이
크게 향상되었습니다.

| 연도 | 2018 | 2019 | 2020 | 2022 | 2023 |
|---|---|---|---|---|---|
| GPT 시리즈 | GPT-1 | GPT-2 | GPT-3 | GPT-3.5 | GPT-4 |

좋습니다. 지금까지 오픈AI와 GPT의 짧지만 화려한 이력을 살펴보았습니다.
다음 장에서는 인공지능이 어떻게 규칙을 학습하는지, 딥러닝 이면에 있는 기
술에 대해 알아보도록 하겠습니다. 이제부터 진짜 흥미진진한 여행이 시작됩
니다. 자, 출발해 보죠!

# 02

# 인공 신경망의
# 작동 원리

인공지능은 너무나 영리해서 때론 도무지 이해할 수 없는 미지의 지적 생물처럼 느껴지기도 합니다. 하지만 그 이면의 원리를 알면 모호함은 어느새 호기심과 놀라움으로 변해 있을 거예요.

이번 장은 인공지능을 만드는 데 사용하는 인공 신경망의 작동 방식을 설명합니다. 걱정 마세요. 인공 신경망의 동작 방식은 의외로 아주 간단합니다. 그래서 누구나 쉽게 이해할 수 있죠.

# 01

# 인공지능은 어떻게
# 작동할까요?

챗GPT는 방대한 데이터로부터 패턴을 학습한 덕분에 모두의 만능 비서가 되었습니다. 전문가 수준의 정보부터 논리적인 답변까지, 사용자의 요구에 맞춰 묻는 말에 답할 수 있죠. 인공지능을 교실에 앉혀 두고 가르친 것도 아닌데, 어떻게 그런 일이 가능해졌을까요? 쉬운 것부터 하나씩 인공지능의 작동 원리를 알아보죠.

## 인공 신경망이란?

사실, 딥러닝은 **인공 신경망**Artificial Neural Network이라는 알고리즘을 대표하는 용어입니다. 즉, 딥러닝과 인공 신경망을 같은 의미로 생각해도 무방합니다. 인공 신경망의 구조는 단순하지만, 이를 레고 블록 쌓듯 여러 겹 쌓으면 복잡한 모델로 확장할 수 있습니다. 이것이 인공 신경망이 가진 강력한 능력 중 하나죠.

머신러닝이 특정 알고리즘을 의미하는 것이 아닌 것처럼, 딥러닝도 특정 알고리즘을 콕 집어 지칭하지 않습니다. 예를 들면 피드 포워드 신경망Feed forward Neural Network, FNN, 합성곱 신경망Convolution Neural Network, CNN, 순환 신경망Recurrent Neural Network, RNN 등이 모두 딥러닝에 해당합니다.

한편, 신경망Neural Network이라는 이름이 붙지 않는 것도 있습니다. 오토인코더autoencoder, 생성적 적대 신경망Generative Adversarial Network, GAN, 트랜스포머transformer가 이에 속합니다.

그럼 인공 신경망, 즉 딥러닝은 어떻게 작동하는 걸까요? 어떻게 그렇게 뛰어난 성능을 낼 수 있을까요? 이에 대해 자세히 알아보겠습니다. 자, 그럼 간단한 곱셈 접시 게임을 컴퓨터와 겨루는 것으로 시작해 볼까요? 가상의 인공지능이 어떻게 곱셈 접시 게임의 답을 맞히는지 살펴봅시다.


## 인공지능과 곱셈 접시 게임하기: 경사 하강법

인공지능에게 딥러닝 알고리즘을 학습시킬 때, 경사 하강법이라는 방법을 씁니다. 경사 하강법이 무엇인지, 인공지능과 곱셈 접시 게임을 하며 알아보죠. 알고 나면 너무나 쉬워서 황당할지도 모릅니다!

곱셈 접시 게임은 접시에 적힌 곱셈 식의 빈칸에 들어갈 숫자를 알아맞히는 게임입니다. 접시에는 □×□라는 곱셈 식이 적혀 있습니다. 예를 들어, 철수가 첫 번째 빈칸에 2를 적고, 선생님이 곱셈의 결과로 10을 제시하면, 이제 인공지능은 $2 \times \square = 10$에서 빈칸에 들어갈 숫자를 알아내야 합니다.

인공지능은 곱셈의 규칙을 모릅니다. 그래서 아무 숫자나 찍죠. 인공지능이 빈칸에 들어갈 숫자로 3을 제시합니다. 선생님이 제시한 곱셈 식의 결과는 10 이었죠. 인공지능이 빈칸에 3을 제시하자, 결괏값은 6이 되어 정답인 10보다 4만큼 작습니다. 이 차이를 선생님이 인공지능에게 알려 줘야겠군요.

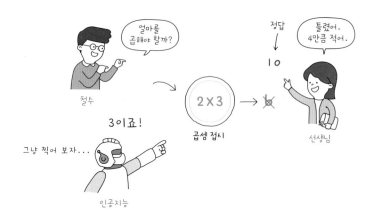

인공지능에게 다시 기회를 주면, 아마 3보다 더 큰 값을 제시할 겁니다. 여전히 '얼마나' 큰 값을 제시해야 하는지는 알지 못해서 정확한 값을 바로 제시하지 못합니다. 아이고, 이번에도 틀렸네요.

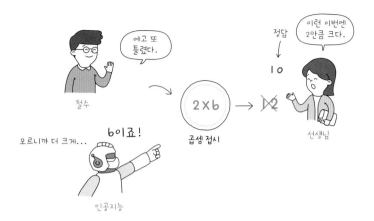

하지만 인공지능은 중요한 사실을 눈치챕니다. 빈칸에 3을 제시하면 결괏값이 4만큼 적고, 6을 제시하면 2만큼 많습니다. 오차가 점점 줄어들고 있죠. 그래서 다음에는 6보다 약간 더 작은 값인 5를 제시합니다. 드디어 정답을 맞혔습니다.

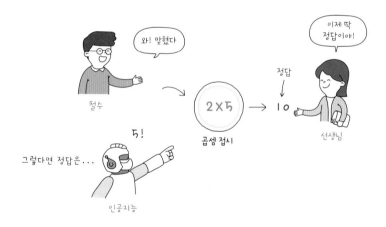

이렇게 정답에 가까운 값을 점진적으로 찾아가는 기법을 **경사 하강법**gradient descent이라고 부릅니다. 인공지능은 곱셈 접시 게임을 많이 할수록 능숙해집니다. 인공지능의 기초적인 알고리즘인 경사 하강법은 이게 전부입니다. 쉽죠? 하지만 이런 곱셈 접시가 아주 많이 쌓이면 놀라운 일을 해낼 수 있습니다.

## 더 많은 곱셈 접시 사용하기: 피드 포워드 신경망

경사 하강법은 분명 유용하지만, 현실 세계의 문제는 곱셈 접시 게임보다 훨씬 복잡합니다. 그래서 이번에는 곱셈 접시 여러 개를 나란히 배치해서 더 어려운 문제를 해결해 보려 합니다.

이제 곱셈 접시는 세 개입니다. 인공 신경망에서는 이런 곱셈 접시를 **뉴런**neuron 또는 **유닛**unit이라고 부릅니다. 그리고 곱셈 접시에 들어갈 정답을 **모델 파라미터**model parameter라고 합니다.

즉, 인공지능은 철수가 제시한 각각의 숫자에 모델 파라미터를 곱하고 그 연산 결과를 선생님이 제시한 정답과 비교합니다. 방식은 경사 하강법과 동일합니다. 처음에는 무작위로 아무 값이나 찍고, 점차 최적의 값에 가깝게 오차를 줄여 가며 정답을 찾습니다. 이러한 구조의 신경망을 **피드 포워드 신경망**이라고 합니다.

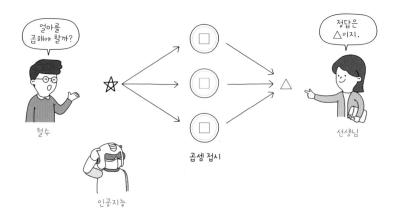

여기에서 중요한 것은 곱셈 접시가 가지고 있는 모델 파라미터가 모두 다르다는 것입니다. 모델 파라미터가 모두 동일하다면 입력에 곱할 규칙을 하나만 찾는 셈입니다. 하지만 곱셈 접시마다 모델 파라미터가 다르면 신경망이 다양한 규칙을 배울 수 있습니다.

문제가 더 복잡해지면 이런 곱셈 접시가 수십, 수백 개 필요할 수도 있습니다.
연구자들은 이런 경우에 곱셈 접시를 나란히 놓기보다는 여러 층으로 쌓는 것
이 더 낫다는 것을 발견했습니다. 이를 그림으로 나타내면 다음과 같습니다.

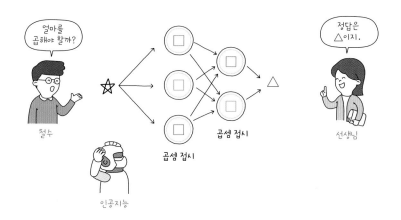

먼저 첫 번째 열에는 곱셈 접시를 세 개, 두 번째 열에는 곱셈 접시를 두 개 놓
았습니다. 이렇게 한 열에 나열한 곱셈 접시를 인공 신경망에서는 **층**layer이라
고 합니다.

여기에서는 곱셈 접시마다 하나의 모델 파라미터가 있지만, 일반적으로 인공
신경망에서 하나의 유닛은 여러 개의 모델 파라미터를 가집니다.

인공 신경망에 몇 개의 유닛을 놓아야 할지, 몇 개의 층을 놓아야 할지는 해결
하려는 문제에 따라 다르지만, 일반적으로 유닛을 더 많이 배치할수록, 또 층
을 더 깊게 쌓을수록 인공 신경망의 학습 능력은 증가합니다.

▌ 이제 여러분은 '딥러닝'이라는 용어에 담긴 뜻을 잘 이해했을 겁니다. 유닛을 층층이 쌓고 연결하여
'깊게' 만들었다는 의미죠.

피드 포워드 신경망에서 정보는 한 방향으로만 이동합니다. 곱셈 접시 게임에 적용해 보자면, 철수가 제시한 숫자는 첫 번째 층의 모델 파라미터를 거쳐 두 번째 층으로 이동하는 것이죠. 피드 포워드 신경망은 구조를 이해하기 쉽기 때문에 많은 분야에서 응용되지만, 이전에 입력된 값을 기억하지 못한다는 단점이 있습니다.

예를 들어 인공지능에게 연달아 곱셈 접시 게임 세 문제를 제시한다고 가정해 보겠습니다. 다시 말해, 이번에는 철수가 세 개의 숫자 2, 4, 6을 연속으로 제시합니다.

아마도 여러분은 철수가 2의 배수를 차례로 제시했다는 것을 금방 눈치챘을 것입니다. 하지만 피드 포워드 신경망은 철수가 제시한 숫자 2, 4, 6 사이의 관계를 파악하지 못합니다. 반대로 6, 4, 2 순으로 숫자를 제시한다고 해도, 피드 포워드 신경망은 이를 전혀 알아차리지 못합니다. 즉, 피드 포워드 신경망은 순서가 중요한 데이터를 다루기엔 적절하지 않습니다.

우리가 사용하는 언어는 문자의 순서를 바꾸면 의미가 달라지기도 합니다. 따라서 신경망이 언어를 처리하려면 입력된 데이터의 순서를 고려해야 합니다. 그럼 어떻게 해야 할까요?


## 곱셈 접시 순환시키기: 순환 신경망

순서에 의미가 있는 데이터를 처리하기 위해 **순환 신경망**이 고안되었습니다. 순환 신경망의 구조를 직관적으로 설명하기 위해 여러 개의 곱셈 접시가 담긴 큰 쟁반을 상상해 보겠습니다.

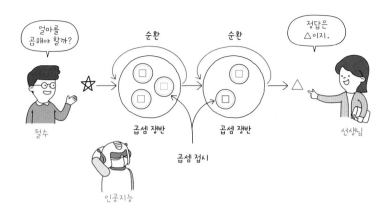

곱셈 쟁반에는 여러 개의 곱셈 접시가 담겨 있습니다. 이 쟁반을 순환 신경망에서는 **셀**cell이라고 부릅니다. 여러 개의 유닛을 한 데 모으면 셀이 되는 것이죠.

첫 번째 곱셈 쟁반이 출력한 값은 다음 번 계산에 입력으로 재사용됩니다. 즉, 출력이 순환되어 자기 자신에게 다시 전달됩니다.

이런 구조적인 특성 덕분에 순환 신경망은 순서가 있는 데이터, 즉 언어나 시계열 데이터time series에서 뛰어난 성능을 보입니다. 이전에 처리한 결과가 다음 계산에 재사용되므로 순서에 대한 패턴을 학습할 수 있는 것이죠.

▌ 시계열 데이터는 일정한 시간 간격으로 나열된 데이터를 말합니다. 대표적으로 날씨나 주식 등이 이에 속합니다.

지금까지 곱셈 접시를 사용하여 피드 포워드 신경망과 순환 신경망의 구조에 대해 소개했습니다. 인공 신경망은 여러 기술이 복합적으로 관여한 결과지만, 기본적인 구조와 원리는 단순하게 나타낼 수 있습니다. 다음 절에서 인공지능이 어떻게 언어를 이해하는지에 대해 알아보겠습니다.

# 02

## 인공지능은 어떻게
## 언어를 이해할까요?

챗GPT의 최대 장점은 뭐니 뭐니 해도 사람 같은 말투입니다. 챗GPT는 사용자의 요구를 찰떡같이 알아듣고, 일관성 있는 내용을 자연스러운 어조로 말합니다. 인터넷을 통해 인간의 언어를 학습한 덕분입니다. 컴퓨터는 언어를 어떻게 이해할까요? 인공 신경망에 숫자 대신 이미지나 텍스트를 전달하려면 특별한 방법이 필요합니다.

### 컴퓨터가 문자를 다루는 방식

컴퓨터의 CPU, 즉 중앙처리장치는 숫자 연산을 수행합니다. 따라서 컴퓨터로 처리할 데이터는 모두 숫자로 표현되어야 합니다. 예를 들어, 색은 일명 RGB라는 코드로 빨강Red, 초록Green, 파랑Blue의 강도 또는 비율을 0에서 255 사이의 숫자로 표현할 수 있습니다.

문자 역시 이러한 숫자 형식으로 표현할 수 있습니다. 이를 아스키 코드ASCII code라고 하는데, 영문자 각각에 0부터 127 사이의 숫자를 할당한 것입니다. 아스키 코드에서 더 나아가 비영어권 문자까지 포함하여 전 세계의 문자를 16 진수로 표현한 코드를 유니코드unicode라고 합니다.

문자를 숫자로 표현할 수 있는 코드가 약속되어 있으니 이제 코드를 인공 신경 망에 전달하기만 하면 되겠네요. 예를 들어 '콩', '감', '밤'이라는 세 단어가 있 다고 가정해 봅시다. 유니코드에서 '콩'은 53,097이고, '감'은 44,048, '밤'은 48,164입니다.

문제는 여기서부터 시작합니다. 단어 '콩', '감', '밤'은 어떤 것이 더 크거나 작 지 않아서 대소 비교를 할 수 없습니다. 하지만 이를 유니코드로 바꾸어 표현 하는 순간 '콩'이 53,097로 가장 크고, '감'이 44,048로 가장 작은 숫자로 인 식되어 순서가 매겨지네요.

인공 신경망에 이 숫자들을 그대로 전달하면 의도치 않게 순서를 학습하게 될 것입니다. 이런 식으로는 사람의 언어를 올바르게 이해할 수 없을 것 같군요. 인공 신경망이 이런 오해를 하지 않게 하려면 어떻게 해야 할까요?


## 인공지능이 문자를 이해하는 방법: 원핫 인코딩

과거에는 봉화를 피워 올려 멀리 있는 아군에게 국경의 소식을 전했습니다. 비슷한 방식으로 횃대에 불을 붙여 '콩', '감', '밤' 세 단어를 나타내야 한다고 생각해 봅시다. 횃불 담당 병사는 불을 붙일 때 필요한 기름을 아끼기 위해 아 이디어를 냈습니다. 한번에 딱 하나의 횃대에만 불을 붙이기로 한 것이죠.

방법은 이러합니다. 여러 개의 횃대를 꽂아 놓고, 첫 번째 횃대에 불을 붙이면 '콩', 두 번째 횃대에 불을 붙이면 '감', 세 번째 횃대에 불을 붙이면 '밤'을 가져 다 달라는 뜻입니다. 아주 똑똑하네요. 이렇게 하면 모든 식재료에 하나의 횃 불만 할당하므로 표현하려고 하는 단어만큼 횃대가 필요하긴 하겠지만, 기름 은 확실히 아낄 수 있습니다.

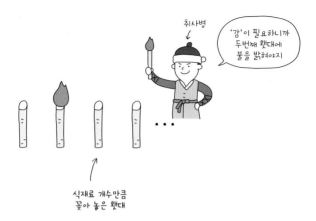

식재료 개수만큼
꽂아 놓은 횃대

인공 신경망에도 이런 방식으로 단어를 전달할 수 있습니다. 이를 **원핫 인코딩**one-hot encoding이라고 하죠. 하나의 횃불one-hot만 켜진다고 생각하면 쉽게 기억할 수 있을 거예요. 다른 점은 원핫 인코딩에선 횃불 대신 숫자 0과 1을 사용한다는 것입니다.

먼저 사용할 문자의 개수만큼 빈 상자를 만든 다음 각 상자에 하나의 문자를 대응시키면 끝입니다. 예를 들어 '감'을 요청하기 위해 두 번째 횃대에 불을 붙인 것처럼, 두 번째 상자에 1을 놓고 나머지 상자는 모두 0을 채우는 것이죠.

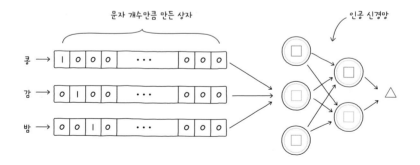

▌ 수학에서는 이처럼 나열된 숫자를 벡터(vector)라 부릅니다. 그래서 위와 같은 표현을 원핫 벡터(one-hot vector)라고 부릅니다.

원핫 인코딩은 작동 원리가 매우 간단해서 구현이 쉽다는 장점이 있습니다. 문제는 인간의 언어는 문자보다 단어의 개수가 훨씬 많다는 것입니다. 한국어의 경우, 문자는 약 1만 개가 조금 넘는 수준이지만 단어는 무려 40만 개가 넘습니다. 또 새로운 단어가 계속해서 생겨나기 때문에 원핫 인코딩 방식으로 모든 단어를 표현하려면 천문학적인 양의 상자가 필요할 것입니다.

이게 끝이 아닙니다. 고려할 사항이 한 가지 더 있죠. 단어는 문자를 어떻게 결합하느냐에 따라 의미가 상이해진다는 것입니다. 예를 들어, 두 문자 '가'와 '방'을 결합하면 '가방'과 '방가'라는 단어를 만들 수 있습니다. 이렇게 같은 문자를 사용해도 어떻게 배열하느냐에 따라 단어의 의미가 달라지고, 심지어 두 단어는 서로 아무런 연관성도 없습니다.

따라서 사람의 언어를 올바르게 이해하려면 문자 단위의 코드를 사용하는 것보다 단어를 기준으로 의미를 처리하는 것이 훨씬 효율적입니다. 이런 문제를 개선하기 위해 **임베딩**embedding이라는 인코딩 방식이 등장했습니다.


## 인공지능이 단어를 이해하는 더 나은 방법: 임베딩

문자의 개수만큼 빈 상자가 필요했던 원핫 인코딩과 달리 임베딩은 100개의 상자만으로 수십만 개의 단어를 표현할 수 있습니다. 방식은 다음과 같습니다.

임베딩은 상자에 0과 1이 아닌 실수를 채워 단어를 표현합니다. 이 실수는 특정 기준을 적용하기 어렵기 때문에 무작위로 결정됩니다. 곱셈 접시 게임에서 인공지능이 모델 파라미터를 어떻게 결정했는지 기억하나요? 네, 무작위로 찍었죠. 임베딩도 마찬가지로 처음엔 무작위로 실숫값 100개를 채웁니다. 그리고 학습을 통해 점차 알맞은 실숫값을 찾아가죠. 실수의 개수는 무한하므로 적은 개수의 상자로도 많은 단어를 표현할 수 있고, 신경망 역시 효율적으로 이를 처리할 수 있습니다.

| '가방' | 3.2 | 1.1 | -2.1 | 4.2 | ... | 0.5 | 3.1 | 7.0 |

📑 이를 임베딩 벡터(embedding vector) 또는 단어 벡터(word vector)라고 부릅니다.

또한, 이렇게 결정된 **임베딩 벡터**는 각기 다른 실수로 구성되어 있어, 한 단어와 다른 단어의 거리를 계산할 수도 있습니다. 임베딩 벡터의 실숫값의 차를 계산하여 그 차이가 적을수록 두 단어의 거리가 가까운 식이죠. 예를 들어, '가방'과 '여행'은 단어의 거리가 가까울 가능성이 높습니다. 하지만 '여행'과 '빌딩'은 그리 가까울 것 같지 않네요.

'가방'과 '여행'의 임베딩 벡터가 다른 단어보다 더 가까운 이유는 두 단어가 한 문장에서 함께 등장하는 경우가 잦기 때문입니다. 인공 신경망은 텍스트 데이터로부터 단어 사이의 거리를 학습하고 단어의 관계를 임베딩 벡터에 기록합니다.

지금까지 인공 신경망이 사람의 언어를 이해하는 두 가지 방법에 대해 배웠습니다. 다음 절은 인공 신경망과 GPT 시리즈의 성장을 이끈 원동력이 무엇인지 알아봅니다.

# 03

## GPT는 어떻게 똑똑해졌을까요?

챗GPT는 특정 전문 분야에서 활약하는 좁은 인공지능narrow AI이 아니라, 다양한 분야에 응용 가능한 범용 인공지능Artificial General Intelligence, AGI에 비교적 가깝습니다. GPT는 어떻게 우리 사회에 스며들 수 있게 되었을까요? 이번 절에서는 그 배경에 대해 알아봅시다.

### 인공지능과 뇌

앞서 우리는 인공지능과 곱셈 접시 게임을 하면서 인공 신경망의 종류와 원리에 대해 알아보았습니다. 유닛을 여러 겹 쌓아 층을 이룬 피드 포워드 신경망과 이전 값을 재사용하여 순서를 학습하는 순환 신경망이 그것이었죠.

신경망이라는 이름에서 유추할 수 있듯이 이 알고리즘은 우리 뇌 속에 있는 생물학적인 신경망에서 아이디어를 착안하여 만들어졌습니다. 하지만 실제로 인공 신경망 알고리즘이 우리 뇌와 동일한 방식으로 작동하는 것은 아닙니다. 과학은 아직 뇌를 완전히 이해하지 못했거든요.

그 작동 방식은 다르지만, 종종 인공 신경망의 모델 파라미터를 뇌의 시냅스synapse에 빗대어 말하기도 합니다. 뇌의 시냅스가 뉴런neuron과 뉴런 사이를 연결하듯, 모델 파라미터가 유닛과 유닛 사이를 연결하는 역할을 하기 때문입니다.

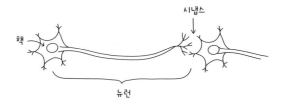

■ 뉴런은 신경계를 구성하는 세포입니다. 시냅스는 뉴런 사이를 접합한 부위로, 한 뉴런의 전기 신호를 다음 뉴런으로 전달합니다.

사람의 뇌에는 약 1,000억 개의 뉴런과 100조 개의 시냅스가 있다고 알려져 있습니다. 인공지능도 곱셈 접시가 많을수록 똑똑해집니다. 즉, 인공 신경망의 모델 파라미터가 많을수록 더 많은 패턴을 학습할 수 있습니다. 그래서 인공 신경망의 크기를 모델 파라미터의 개수로 표현하기도 합니다. 반드시 그렇다고 할 수는 없지만 대체로 모델의 크기는 성능을 대변하는 좋은 척도입니다.

## GPT 시리즈

인공 신경망이 무언가 멋진 일을 하려면 얼마나 많은 모델 파라미터가 필요할까요? 보통 작은 이미지에 쓰인 숫자 하나를 인식하려면 수천, 수만 개의 모델 파라미터가 필요합니다. 사진에 찍힌 물체가 무엇인지 인식하려면 수백만 개까지도 필요하죠.

챗GPT는 오픈AI에서 개발한 대형 언어 모델Large Language Model, LLM인 GPT 시리즈 중 GPT-3.5와 GPT-4를 기반으로 합니다. 여기서 **모델**model 은 인공 신경망 알고리즘의 한 종류라고 생각하면 이해하기 쉽습니다. GPT 는 방대한 텍스트 데이터를 통해 학습을 거친 인공 신경망의 일종인 것이죠.

오픈AI는 GPT의 모델 파라미터를 늘리며 성능을 향상시켰습니다. 다음은 GPT 모델 시리즈의 모델 파라미터 개수를 정리한 것입니다. 단 2년 동안 GPT 시리즈가 얼마나 발전했는지 알 수 있습니다.

| 연도 | 2018 | 2019 | 2020 |
|---|---|---|---|
| GPT 모델 시리즈 | GPT | GPT-2 | GPT-3 |
| 파라미터 개수 | 1.17억 개 | 15억 개 | 1,750억 개 |

GPT-3는 초기 GPT 모델보다 약 1,000배 많은 모델 파라미터를 갖고 있습니다. 빠른 시간 동안 규모가 엄청나게 커진 것이죠. 그만큼 할 수 있는 일도 많아졌습니다.

모델 파라미터의 개수가 많을수록 인공 신경망의 성능은 좋아지지만, 이런 방대한 모델을 운용하려면 그만큼 컴퓨터의 성능도 중요합니다. 마치 빠르게 달리는 기관차에는 큰 엔진이 필요하고, 그만큼 많은 연료가 드는 것처럼요.


## 인공 신경망의 엔진과 연료

최신 컴퓨터의 CPU에는 멀티코어 프로세서multi-core processor가 탑재되어 있습니다. 여러 개의 코어를 사용하여 동시에 명령을 실행할 수 있고, 속도도 매우 빠르죠. 단, 가격이 비싸기 때문에 최신 CPU라도 코어가 8개 또는 16개 정도입니다.

한편 그래픽을 빠르게 처리하기 위한 장치인 GPUGraphics Processing Unit는 CPU보다 더 많은 코어를 가지고 있습니다. 개수가 많은 대신 CPU에 비해 상대적으로 속도가 느리죠.

6개의 코어를 가진 CPU와 3,584개의 코어를 가진 GPU

인공 신경망은 유닛과 모델 파라미터가 매우 많습니다. 따라서 코어가 16개뿐인 CPU에서보다 연산 속도가 다소 느려도 많은 코어를 가진 GPU에서 더 효율적입니다. 실제로 인공 신경망을 훈련시키는 데 GPU를 사용한 것이 딥러닝 연구의 획기적인 전환점이었죠.

GPU가 인공 신경망이라는 기관차의 엔진이라면 데이터는 엔진을 작동시키는 연료입니다. 인터넷이 성장하면서 텍스트 데이터는 무한히 많이 생산되었습니다. 이는 대형 언어 모델의 훌륭한 연료입니다.

GPT-3는 무려 1,750억 개의 모델 파라미터를 가지고, 약 5,000억 개의 단어를 사용해 훈련되었습니다. 고성능 GPU와 대규모 텍스트 데이터가 결합하여 GPT-3, GPT-4와 같은 대형 언어 모델의 시대가 도래한 것입니다.

GPT 같은 대형 언어 모델은 피드 포워드 신경망이나 순환 신경망을 사용하지 않습니다. 피드 포워드 신경망은 언어를 다루기에 적절하지 않고, 순환 신경망은 직전의 계산 결괏값을 순환시키는 특성으로 인해 아주 긴 문장을 처리하기는 어렵기 때문입니다.

대형 언어 모델은 트랜스포머라는 새로운 인공 신경망 구조가 도입되며 폭발적으로 성장했습니다. 그럼 다음 장에서 트랜스포머에 대해 알아봅시다.

# 03

# GPT에 담긴 기술

이번 장은 챗GPT 모델의 핵심 요소인 트랜스포머의 구조에 대해 알아보겠습니다. 2장에서는 피드 포워드 신경망과 순환 신경망에 대해 알아보고, 순환 신경망이 언어를 다루기에 적합한 모델이라는 점도 소개했습니다. 하지만 요즘에는 거의 모든 언어 모델이 순환 신경망 대신 트랜스포머를 사용합니다. 트랜스포머는 무엇인지, 어떤 장점이 있는지 살펴보며 챗GPT를 탐험해 봅시다!

# 01

# 신경망은 어떻게
# 언어를 배웠을까요?

요즘은 컴퓨터만 있으면 텍스트를 한 언어에서 다른 언어로 번역하는 건 그리 어렵지 않습니다. 현재 시점의 번역기는 정확도가 높아서 한국어 '배'가 과일 'pear'인지, 교통수단 'ship'인지 확실히 인지하죠. 인공지능은 어떻게 인간의 언어를 해독할까요? 이번 절에서는 기계 번역의 원리에 대해 알아봅니다.

## 순환 신경망이 텍스트를 해독하는 방법

2장에서 순환 신경망은 피드 포워드 신경망과 달리 셀의 출력 정보를 입력 정보로 재사용해서 데이터의 순서를 기억한다고 했습니다. 그래서 텍스트같이 순서가 있는 데이터를 처리하기에 알맞죠.

이러한 장점을 살려, 순환 신경망은 기계 번역machine translation에 활용됩니다. 여러분이 외국어 텍스트를 자주 접한다면, 구글이나 네이버 등에서 제공하는 인공지능 번역 서비스를 이용해 본 적이 있을지도 모릅니다. 이처럼 컴퓨터가 어떤 언어를 다른 언어로 자동 번역해 주는 프로그램을 기계 번역이라고 합니다.

대표적인 기계 번역 서비스 네이버 파파고

순환 신경망으로 만든 기계 번역 시스템은 일반적으로 **인코더**encoder와 **디코더**decoder로 구성됩니다. 그림과 함께 기계 번역에 활용되는 순환 신경망의 구조를 살펴봅시다.

인코더는 입력된 문장을 처리합니다. 영어로 "How are you doing"을 입력하면 인코더 내부 순환 신경망의 각 셀이 문장을 한 단어씩 처리하고, 그 후 인코더의 최종 출력물을 디코더가 받아서 "어떻게 지내고 있니"라는 한국어 문장을 생성합니다.

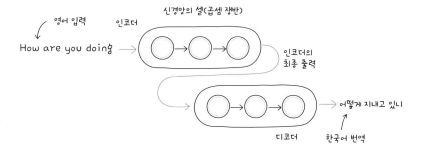

인코더가 입력 문장을 한 단어씩 처리하듯이 디코더도 한 단어씩 출력합니다. 출력된 단어가 순환하여 다시 디코더의 입력으로 사용되기 때문에, 기계 번역

서비스는 맥락에 맞는 자연스러운 문장을 만들 수 있습니다.

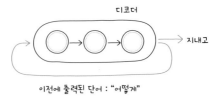

이때 단어는 임베딩 벡터로 변환되어 처리된다는 점에 유의하세요. 또 순환 신경망의 각 셀에는 순환되는 고리가 있지만, 여기서는 단순하게 표현하기 위해 나타내지 않았습니다. 이 과정을 단계별로 살펴보겠습니다. 직관적으로 표현하기 위해 상황극을 해 볼게요.

## 인코더와 디코더

톰과 영희가 대화를 하는데, 서로 사용하는 언어가 달라 말이 통하지 않는 상황을 가정해 봅시다. 이때 인코더 로봇과 디코더 로봇이 톰이 한 말을 영희에게 번역해 줍니다.

먼저 톰이 한 단어씩 인코더에게 말합니다. 인코더는 문장이 끝날 때까지 잠자코 듣고만 있습니다.

톰이 말을 끝내면 인코더는 문장을 하나의 결과로 출력하여 디코더에게 전달
합니다. 디코더는 톰이 말한 문장의 모든 정보가 종합적으로 담긴 결과를 받죠.

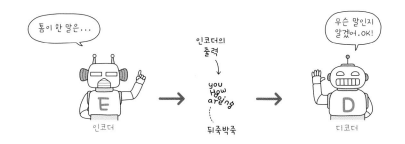

디코더는 인코더에게 받은 정보를 해석해서 한 단어씩 영희에게 전달합니다.
디코더 내부의 순환 신경망은 앞서 출력한 단어를 다시 디코더의 입력으로 재
사용합니다. 이렇게 생성한 문장을 정답과 비교하고 오차를 측정하죠. 이 과
정을 반복하면 언어의 패턴을 학습할 수 있습니다.

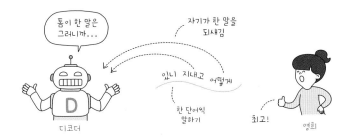

하지만 순환 신경망에는 단점이 있습니다. 순환 신경망은 텍스트를 단어 단위
로 처리하므로 텍스트가 길면 그만큼 시간이 오래 걸리죠. 또 텍스트를 순서
대로 받아들이기 때문에 멀리 떨어져 있는 단어는 기억하기 어렵습니다.

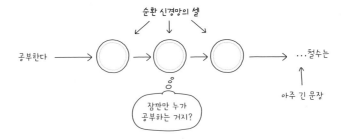

그래서 순환 신경망 기반의 기계 번역 시스템에 매우 긴 문장을 입력하면 인코더가 문장의 시작 부분을 디코더에게 잘 전달하지 못할 수도 있습니다. 이런 문제를 해결하고자 2014년, **어텐션**attention이라는 새로운 기술이 개발되었습니다. 다음 절에서 어텐션에 대해 알아보죠.

# 02

## 필요한 것은 오직 어텐션

2017년, 구글은 「Attention Is All You Need」라는 제목의 논문을 발표했습니다. 필요한 것은 어텐션뿐이라는 뜻이죠. 영단어 'Attention'은 '집중'이라는 뜻입니다. 말 그대로 문장 내의 어떤 단어에 얼마나 집중해야 할지를 결정하는 메커니즘입니다. 어텐션은 기계 번역과 인공지능 분야의 거대한 태풍을 불러올 날갯짓의 시작입니다. 어떻게 작동하는지 간단하게 살펴봅시다.

### 집중해, 어텐션!

이번에도 톰과 영희가 대화하는 상황입니다. 인코더는 톰의 말을 듣고, 디코더가 영희에게 말을 전해줍니다. 먼저 인코더가 톰의 말을 들으면서 각 단어에 대한 정보를 저장합니다.

그다음 인코더는 어텐션 층에서 각 단어의 상관관계를 나타내는 어텐션을 계산하여 디코더에게 전달합니다. 디코더는 인코더가 계산한 상관관계를 바탕으로 어떤 단어에 집중해야 할지 결정하죠.

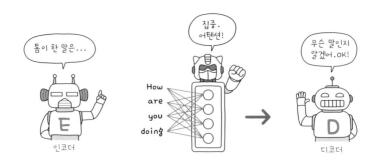

이제 디코더는 영희에게 전할 단어를 생성하면서 매번 이 어텐션을 참고합니다. 어텐션 덕분에 이제는 긴 문장에서도 필요하다면 맨 처음 단어에 주의를 기울일 수 있습니다.

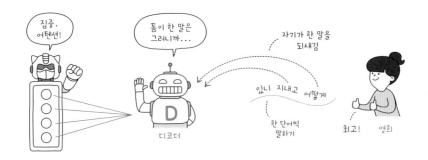

2014년 당시에는 어텐션 메커니즘이 자연어 처리 분야에서 이토록 거대한 태풍을 일으키리라 예상하지 못했습니다. 하지만 2017년, 구글이 인코더-디코더 구조에서 순환 신경망을 완전히 걷어 내고 어텐션 메커니즘을 활용해 구현한 기계 번역 시스템을 제안했습니다. 이 모델이 바로 트랜스포머죠.

## 트랜스포머

**트랜스포머**transformer는 어텐션 메커니즘과 피드 포워드 신경망으로 구현하여 성능의 혁신을 가져온 모델입니다. 각종 자연어 처리 작업에서 트랜스포머가 기존의 순환 신경망을 대체하기 시작했죠.

트랜스포머 모델의 기본적인 구조는 인코더-디코더 구조와 유사합니다. 다만 트랜스포머의 인코더에는 순환 신경망이 없으므로, 더 이상 입력된 문장을 순서대로 들을 필요가 없죠. 문장을 한꺼번에 듣고 어텐션을 계산한 뒤, 이를 피드 포워드 신경망에 통과시킵니다.

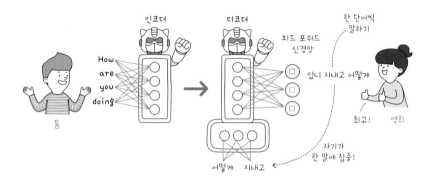

▌ 인코더에 피드 포워드 신경망까지 그리지는 않았습니다.

디코더 역시 순환 신경망 대신 피드 포워드 신경망을 사용하여, 인코더의 출력을 받아 단어를 하나씩 생성합니다. 이때도 마찬가지로 어텐션 메커니즘을 사용하여 디코더가 이미 생성한 단어 중에서 주의를 기울일 단어를 결정합니다.

트랜스포머의 인코더와 디코더에 있는 어텐션 메커니즘은 어떤 단어에 집중할지 스스로 결정하기 때문에 이를 특별히 **셀프 어텐션**self attention이라고 합니다.

이와 같은 인코더-디코더 구조의 트랜스포머 모델은 기계 번역 시스템이나 챗봇 등을 만드는 데 주로 사용됩니다. 놀라운 점은 트랜스포머 모델에서 인코더와 디코더를 분리할 수 있다는 것입니다.

인코더를 사용한 모델이 문장을 분류하는 데 뛰어난 반면, 디코더를 사용하는 모델은 텍스트 생성에 능합니다. 예를 들어 구글의 BERT*와 페이스북의 RoBERTa**는 트랜스포머의 인코더만을 사용하여 입력된 문장을 분류합니다. 한편, 오픈AI는 트랜스포머의 디코더만을 사용한 모델 개발을 주도하고 있습니다. 그렇게 개발된 것이 GPT 모델 시리즈죠.

지금까지 어텐션 메커니즘과 트랜스포머 모델의 구조를 간단히 알아보았습니다. 트랜스포머 모델을 훈련하는 방법은 여러 가지가 있지만, 이어지는 절에서는 GPT 계열의 모델이 어떻게 훈련되었는지를 살펴보겠습니다.

---

* BERT(Bidirectional Encoder Representations from Transformers): 구글이 공개한 인공지능 언어 모델. 2018년 11월에 공개되었다.
** RoBERTa(Robustly Optimized BERT Approach): 페이스북이 개발한 BERT의 변형 모델. 자연어 처리 작업에서 성능이 개선되었다.

# 03

# GPT,
# 혼자서도 잘해요

훈련training이란, 인공지능이 데이터와 알고리즘을 사용해서 스스로 규칙을 파악하고 문제를 해결하는 능력을 학습하는 과정을 말합니다. 아무리 뛰어난 텍스트 생성 모델이 있어도, 훌륭한 문장을 만들기 위해서는 공부를 해야겠죠? 이번 절에서는 GPT가 대량의 데이터를 어떻게 학습했는지를 알아보겠습니다.

## 머신러닝 모델의 훈련 과정

머신러닝 알고리즘은 지도 학습과 비지도 학습, 강화 학습으로 나눌 수 있습니다. 이 세 가지 방식을 소개하고, GPT 모델과 비교해 보겠습니다.

**지도 학습**supervised learning은 정답이 있는 데이터를 통해 모델을 훈련시키는 방법입니다. 예를 들면 텍스트 분류가 지도 학습에 속합니다. 누군가 영화 리뷰에 "이 영화는 재미가 없다."라고 남겼다면 모델에게 이 리뷰가 긍정적인지 부정적인지 알려준 뒤 정답을 맞출 수 있도록 학습시킬 수 있습니다. 여기서는 '긍정' 또는 '부정'이 정답이 되겠죠. 이런 정답을 **레이블**label 또는 **타깃**target 이라고 합니다.

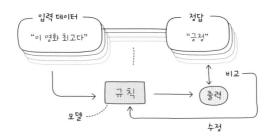

다시 말해 어떤 머신러닝 모델이 영화에 대한 리뷰를 읽고, 그 영화가 좋은 영화인지 아닌지를 분류하게 하려면, 리뷰 데이터와 그에 대한 레이블을 준비하고 지도 학습을 수행하면 됩니다.

2장에서 했던 곱셈 접시 게임을 기억하시죠? 곱셈 접시 게임 역시 지도 학습이라고 할 수 있습니다. 선생님이 정답을 이미 알고 있었고, 정답과 결괏값 사이의 오차도 가르쳐 주었죠. 인공지능은 오차를 점차 줄여 나가며 정답에 가까워졌습니다.

이처럼 처음에는 모델의 규칙이 불완전하기 때문에 올바른 정답을 곧장 제시하지 못합니다. 하지만 모델은 출력과 미리 준비된 레이블을 비교하여 모델의 규칙을 개선해 나가죠. 이렇게 정답이 있는 데이터로 충분히 훈련을 하면, 모델은 새로운 데이터에 대해서도 정답을 예측할 수 있습니다.

**비지도 학습**unsupervised learning은 지도 학습과 달리 정답이 없는 데이터에 사용되는 알고리즘입니다. 즉, 비지도 학습 알고리즘은 레이블이 없는 데이터를 학습합니다. 대표적으로 군집clustering이 비지도 학습에 속하는데, 예를 들면 입력된 데이터 사이의 유사성을 찾아 비슷한 것끼리 모으는 것입니다. 그렇다면 GPT는 어떤 방식을 택했을까요?

## GPT의 훈련 과정

GPT는 트랜스포머 구조에서 디코더만을 사용하는 모델이었죠. 인코더도 없이 GPT는 무엇을 입력과 레이블로 삼을까요? 놀랍게도 GPT는 입력된 텍스트의 다음 단어를 레이블로 사용합니다.

예를 들어, "이 영화에 나오는 주인공이 멋지다."라는 텍스트가 있다고 합시다. "이 영화에 나오는"까지가 입력이라면, 그 다음에 이어지는 단어인 "주인공이"가 레이블이 됩니다. 입력 데이터를 받아 모델이 출력한 단어와 레이블을 비교해 가며 모델의 규칙, 즉 모델 파라미터를 수정하는 것이죠.

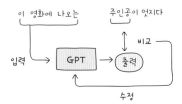

이제 "이 영화에 나오는 주인공이"가 다시 입력이 됩니다. 그러면 레이블은 "멋지다"가 되죠.

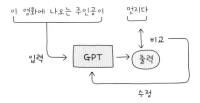

이런 방식을 **자기 지도 학습**self supervised learning이라고 합니다. 입력을 레이블로 사용하는 방식이므로, 입력 데이터에 레이블을 일일이 매기지 않아도 됩니다. 지도 학습의 경우 레이블을 매기는 것이 꽤 번거로운 작업임을 생각하면, 자기 지도 학습은 그 수고를 덜 수 있는 효율적인 방식이네요.

GPT 모델은 다른 머신러닝 모델과 마찬가지로 학습한 규칙을 모델 파라미터에 저장합니다. 그리고 저장된 규칙을 사용해 새로운 텍스트를 생성할 수 있죠. 그다음 GPT 모델이 생성한 텍스트를 어텐션 메커니즘을 통해 재사용합니다. 이렇게 스스로 생성한 데이터를 기반으로 새로운 데이터를 재생성하는 것을 **자기 회귀 모델**autoregressive model이라고 합니다.

다시 말하면 GPT는 자기 지도 학습 방식을 사용하여 훈련되는 자기 회귀 모델이군요! 데이터가 충분하기만 하면 많은 비용을 들이지 않고도 규칙을 학습할 수 있습니다. 혼자 학습하고, 혼자 예측하는 놀라운 모델이죠.

혼자서도 잘해요.

덕분에 GPT는 많은 데이터를 사용해 손쉽게 훈련할 수 있었습니다. 훈련에 사용된 데이터는 대부분 인터넷상의 웹 페이지로, 커먼 크롤Common Crawl이라는 비영리 단체가 제공한 것입니다. 커먼 크롤은 이 글을 쓰는 2023년 초를 기준으로 약 30억 개의 웹 페이지를 저장하고 있다고 하네요. GPT는 이 방대한 양의 데이터로 다양한 언어의 다양한 맥락을 학습할 수 있었습니다.

어, 그런데 잠깐만요. 인코더가 없는 GPT 모델은 맨 처음 텍스트를 어떻게 생성할까요? 다음 절에서는 이에 대해 알아보겠습니다.

## 필요한 것은 오직 프롬프트

GPT 계열의 모델은 디코더로만 구성되어 있기 때문에 인코더로부터 데이터를 입력받을 수 없습니다. 대신 자기 회귀 모델이므로, 자기 자신이 생성한 데이터를 입력으로 재사용할 수는 있습니다. 그래서 맨 처음에는 사용자가 직접 초기 텍스트를 입력해 줘야 합니다. 이렇게 입력되는 초기 문장을 **프롬프트** prompt라고 합니다. 마치 이미 생성된 텍스트가 있는 것처럼 프롬프트를 전달하면 그 다음부터 모델이 뒤에 이어지는 단어를 생성하는 식이죠.

직접 확인해 볼까요? 오픈AI의 플레이그라운드Playground에 프롬프트를 입력하고, 어떤 텍스트가 생성되는지 살펴봅시다. "오늘 아침에 맛있는 커피를 마셨어."라는 문장을 입력하고 [Submit]을 클릭해 볼게요.

짠! 프롬프트를 입력했더니 GPT가 알아서 이어지는 텍스트를 생성했습니다. 게다가 문맥에 맞는 자연스러운 문장이네요.

**NOTE**　트랜스포머는 전체 문장이 한꺼번에 입력되기 때문에 문장의 길이에 제한이 있습니다. 이를 문맥 크기(context size)라고 합니다. 문맥 크기는 토큰* 단위로 측정됩니다. GPT-3 기반 모델의 문맥 크기는 4,096 토큰이었으나, GPT-4에서 크게 개선되어 문맥 크기가 32,768 토큰으로 증가했습니다.

여기에는 한 가지 놀라운 사실이 숨어 있습니다. GPT 모델은 프롬프트에 담긴 사용자의 의도를 파악하여 단어를 생성한다는 것입니다. 이에 따라 조금 색다른 시도를 해 볼 수도 있습니다. 같은 프롬프트를 입력하고 수필을 써 달라고 해 볼게요.

확실히 이전과 다른 성격의 텍스트를 생성했습니다. 감각을 묘사하거나 서정적인 분위기를 연출해 내기도 하네요. 놀랍지 않나요? GPT 모델은 풍부한 텍스트 데이터를 기반으로 학습했기 때문에 주어진 프롬프트의 맥락을 이해하고, 그에 따른 적절한 응답을 생성할 수 있습니다. 이렇게 프롬프트로 어떤 지시를 해서 GPT 모델이 이를 이해하고 처리할 수 있도록 만드는 것을 인컨텍스트 러닝in-context learning이라고 합니다.

---

\* 　토큰(token): 말뭉치로부터 분리할 수 있는 텍스트의 단위. 보통 문법적으로 더 이상 나눌 수 없는 의미의 최소 단위를 뜻하며, 단어나 형태소 외에 문장 부호 등을 포함하는 개념이다.

**NOTE** 플레이그라운드는 오픈AI의 최신 모델을 직접 테스트해 볼 수 있는 서비스입니다. 플레이그라운드를 직접 체험해 보고 싶다면, 오픈AI에 회원 가입을 해야 합니다. 회원 가입 방법은 4장의 〈01. 챗GPT를 소개합니다〉 절에서 자세히 설명하고 있으니 참고하세요. 오픈AI 회원은 6개월 동안 일정 양을 무료로 사용할 수 있습니다.

웹 브라우저에서 오픈AI(https://platform.openai.com)에 접속하고 홈페이지 상단의 [Playground]를 클릭하여 플레이그라운드에 접속하세요.

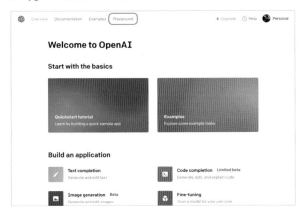

## 사람과 함께 하는 학습

머신러닝은 크게 지도 학습, 비지도 학습, 강화 학습으로 나뉘고, GPT 계열의 모델은 자기 지도 학습이라고 설명했습니다. 그런데 챗GPT는 자기 지도 학습 외에 강화 학습도 사용합니다. **강화 학습**reinforcement learning은 알고리즘이 일련의 행동을 할 때마다 최대로 보상하여 특정 행동을 학습하는 방법입니다.

프로 바둑 기사 이세돌 9단과의 대결로 유명한 바둑 프로그램 알파고가 바로 강화 학습을 사용한 예입니다. 강화 학습은 지도 학습이나 비지도 학습과는 달리 정답이 따로 정해져 있지 않고, 유사성을 통해 군집으로 분류하기도 어려운 데이터에 적용합니다.

바둑에서 한 수를 놓았는데 이 수가 장차 상대의 돌을 잡을 묘수인지, 반대로 게임을 지게 만들 악수인지 당장은 알기 어렵습니다. 상대가 수를 두고, 바둑 판 위에 돌이 꽤 올라오고 나면 그제서야 이전의 수가 좋은 수인지 아닌지를 판단할 수 있습니다.

알파고는 상대의 돌을 잡거나 게임에서 이기면 보상을 받고, 보상을 최대화하기 위해 특정 행동을 강화합니다. 그래서 좋은 행동을 학습하려면 많은 시행 착오가 필요합니다. 이처럼 반복적인 시행을 통해 최적의 행동을 취하도록 하는 것이 강화 학습입니다.

오픈AI는 강화 학습에 뛰어난 역량을 지닌 기업입니다. 오픈AI가 강화 학습을 위한 훈련 도구인 오픈AI 짐을 제공하는 것만 봐도 알 수 있죠. 2017년 오픈AI는 『인간의 선호도를 이용한 심층 강화 학습Deep Reinforcement Learning from Human Preferences』이라는 논문을 발표합니다. 논문의 핵심은 알고리즘이 최선의 행동을 찾기 위해 시행착오를 거치는 동안 사람이 보조적으로 좋은 행동에 대한 피드백을 줌으로써 학습을 효율적으로 할 수 있다는 것입니다.

실제로 GPT 모델은 사람의 피드백을 활용해 훈련되었습니다. 미리 준비한 프롬프트를 사용해 챗GPT가 여러 버전의 텍스트를 출력하면 사람이 그들 중 좋은 것부터 나쁜 것까지 순서를 매깁니다. 그다음 이 정보를 바탕으로 강화 학습에 사용할 보상 모델을 훈련합니다. 이제 GPT는 이 보상 모델을 사용해 강화 학습 방식으로 훈련할 수 있습니다.

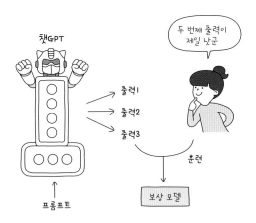

이런 방식을 **RLHF**Reinforcement Learning with Human Feedback라고 합니다. RLHF로 훈련한 챗GPT는 기존의 자기 지도 학습 방식으로 훈련된 언어 모델보다 훨씬 더 뛰어난 성능을 보입니다. 특히 **인컨텍스트 러닝**에서도 놀라운 능력을 발휘하여 사람들을 깜짝 놀라게 했습니다. 인컨텍스트 러닝에 대해서는 다음 장에서 더 자세히 알아보겠습니다.

아마 지금쯤이면 여러분도 인공지능에 대해 굉장히 많이 알게 되었을 것입니다. 전문적인 수준은 아니더라도 인공지능에 관련된 뉴스를 읽거나 사람들과 대화할 때 자신감을 가질 수 있으리라 생각합니다.

그럼 이제 이렇게 훈련된 챗GPT가 얼마나 뛰어난 능력을 보이는지 한번 알아볼까요? 다음 장부터 챗GPT를 본격적으로 사용해 보겠습니다.

# 04

# 챗GPT와
# 대화하기

이전 장에서 인공지능과 머신러닝, 딥러닝의 작동 원리를
소개했습니다. 그리고 자연어 처리를 위한 최신 기술인
트랜스포머와 GPT의 구조를 알아보았죠. 이제 실제로
챗GPT 서비스를 사용해 보겠습니다. 놀라운 인공지능의
세계를 보여 드릴게요!

# 01

# 챗GPT를
# 소개합니다

챗GPT를 사용하려면 먼저 오픈AI의 챗GPT 서비스에 가입해야 합니다. 본격적인 시작에 앞서, 오픈AI에 가입하고 챗GPT 사용법과 주의 사항을 알아봅시다. 단계별로 차근차근 시작해 볼게요.

## 챗GPT 가입하기

### 01 챗GPT에 접속하세요.

챗GPT 홈페이지(https://chat.openai.com)에 접속하면 다음과 같이 로그인Log in 또는 회원 가입Sign up 중 하나를 선택할 수 있는 화면을 볼 수 있습니다. 여기서는 회원 가입을 위해 [Sign up]을 클릭합니다.

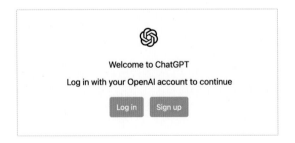

🔖 만약 이전에 로그인한 적이 있다면 바로 채팅 화면이 나타납니다. 이미 가입했지만 로그아웃한 상태라면 [Log in]을 클릭하세요.

## 02 이메일 주소를 입력하세요.

화면 중앙의 [Email address]에 이메일 주소를 입력하고, [Continue]를 클릭하면 패스워드를 입력할 수 있는 상자가 활성화됩니다. [Password]에 패스워드를 입력하고 [Continue]를 클릭하세요. 입력한 이메일 주소로 확인 메일이 발송됩니다.

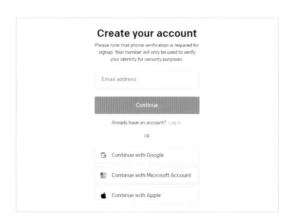

**NOTE**　구글 또는 마이크로소프트 계정으로 간편하게 가입할 수도 있습니다.

### 1. 구글 계정으로 가입하기

구글에 가입되어 있다면 [Continue with Google]을 클릭하고 구글 계정으로 챗GPT에 가입하세요.

## 2. 마이크로소프트 계정으로 가입하기

마이크로소프트에 가입되어 있다면 [Continue with Microsoft Account]를 클릭하고 마이크로소프트 계정으로 챗GPT에 가입하세요.

## 3. 애플 계정으로 가입하기

애플 계정이 있다면 [Continue with Apple]을 클릭하고 애플 ID로 챗GPT에 가입하세요.

## 03 이메일 인증을 진행하세요.

입력한 이메일 주소로 다음과 같이 확인 메일을 받으면 [Verify email address]를 클릭하여 이메일 주소가 유효한지 인증합니다.

## 04 개인 정보를 입력하세요.

이메일 인증이 완료되면 다음과 같이 새 창이 열립니다. 두 개의 입력 상자에 이름과 성을 입력하고 [Continue]를 클릭합니다.

다음 화면에서 전화번호를 입력하고 [Send code]를 클릭하면 전화번호 인증을 위한 코드가 발송됩니다.

**05 휴대폰 인증을 진행하세요.**

다음 화면에서 휴대폰 문자 메시지로 받은 여섯 자리 숫자를 입력합니다. 코드를 정확히 입력하면 회원 가입이 완료됩니다.

그럼 이제 챗GPT에 대해 간단히 소개하고, 챗GPT를 활용해서 재미있는 글을 생성해 보겠습니다.


## 챗GPT 화면 구성과 기본 사용법

회원 가입을 무사히 마치면 챗GPT의 초기 화면으로 돌아갈 것입니다. 챗GPT의 초기 화면은 다음과 같이 구성되어 있습니다.

## • New chat

새로운 채팅을 시작할 수 있습니다. 그 아래에는 이전에 생성한 채팅 목록을 볼 수 있습니다.

## • Upgrade to Plus

챗GPT 플러스ChatGPT Plus를 구독할 수 있습니다.

## • 메뉴

1. Help & FAQ: 자주 묻는 질문을 요약한 페이지로 이동합니다.
2. Settings: 설정 창을 실행합니다.
3. Log out: 챗GPT 서비스에서 로그아웃합니다.

## • Send a message

프롬프트를 작성할 텍스트 입력 상자입니다. 챗GPT에게 작업 수행을 요청하거나 질문할 수 있습니다.

## • ChatGPT 버전

화면 아래에는 챗GPT의 버전이 쓰여 있습니다. 이 글을 쓰는 지금은 5월 24일 버전이네요.

> **NOTE** 챗GPT 플러스는 월 20달러를 지불하면 사용할 수 있는 유료 서비스입니다. 챗GPT 화면에서 [Upgrade to Plus]를 클릭하면 다음과 같이 챗GPT 플러스를 구독할 수 있습니다.

이 글을 쓰는 시점에서 GPT-4는 챗GPT 플러스에서만 제공합니다. 챗GPT 플러스를 구독하면 새로운 채팅을 시작할 때 GPT-3.5와 GPT-4 중 어느 모델을 사용할지 선택할 수 있습니다.

챗GPT 무료 버전에서 한 번에 너무 많은 요청을 보내면 다음과 같이 오류 메시지가 나타나고, 사용이 잠시 중지됩니다.

 Too many requests in 1 hour. Try again later.

"한 시간 동안 너무 많은 요청을 하셨네요. 잠시 뒤에 다시 시도하세요."

챗GPT 플러스는 무료 챗GPT보다 더 많은 요청을 처리할 수 있고, 응답 속도도 더 빠릅니다. 이 책은 주로 무료 버전을 사용하겠지만, 이따금 GPT-4를 소개하거나 무료 서비스와 비교하기 위해 챗GPT 플러스를 사용해 보겠습니다.

화면 중앙에는 예시Examples, 기능Capabilities, 제약 사항Limitations을 소개하고 있습니다. 예시는 앞으로 직접 챗GPT와 대화하며 알아보고, 여기서는 기능과 제약 사항을 살펴보겠습니다.

• **기능**

챗GPT는 다음과 같은 기능을 수행할 수 있습니다.

1. 이전 대화의 내용을 기억합니다.
2. 대화를 이어가며 사용자의 의도대로 챗GPT의 응답을 교정하고, 간단한 논리를 가르칠 수 있습니다.
3. 챗GPT는 부적절한 요청을 거절하도록 훈련되었습니다.

Capabilities

Remembers what user said earlier in the conversation

Allows user to provide follow-up corrections

Trained to decline inappropriate requests

▌ 챗GPT의 최대 입력 단어의 개수는 약 4,000여 개 정도이므로, 아주 오래된 대화는 기억하지 못합니다. 반면 GPT-4는 문맥 크기가 훨씬 크기 때문에 더 많은 대화를 기억할 수 있습니다.

**· 제약 사항**

챗GPT는 매우 유용한 도구지만, 기술적 한계로 인한 제약 사항이 있습니다. 다음 세 가지를 유의하세요.

1. 때때로 틀린 정보를 생성합니다.
2. 때때로 편향되거나 유해한 콘텐츠를 생성합니다.
3. 2021년 이후의 세계와 사건에 대한 지식이 제한적입니다.

⚠️
Limitations

May occasionally generate
incorrect information

May occasionally produce
harmful instructions or
biased content

Limited knowledge of
world and events after
2021

업무와 일상에 챗GPT를 적절히 활용하기 위해서는 위의 세 가지 제약 사항에 대해 잘 알아 둘 필요가 있습니다. 제약 사항의 각 항목을 자세히 살펴보겠습니다.

첫째, 챗GPT는 인터넷에 있는 텍스트로 훈련되었습니다. 인터넷의 정보는 검증된 사실이 아닌 경우도 있으므로, 챗GPT가 생성한 텍스트에도 잘못된 정보가 포함될 수 있습니다. 또한 검증된 데이터로 훈련되었다 하더라도 챗GPT가 창의성을 발휘하면서 사실을 왜곡할 수 있습니다.

둘째, 오픈AI는 챗GPT가 부적절한 응답을 거부하도록 훈련시켰지만, 때때로 옳지 않은 견해를 제시하거나 편향된 텍스트를 생성할 수 있습니다. 챗GPT는 인터넷을 기반으로 텍스트를 생성하는 모델입니다. 인터넷의 데이터가 한쪽으로 치우쳐 있다면, 챗GPT의 응답도 그에 영향을 받을 수 있습니다.

셋째, 챗GPT는 2021년 9월 이전에 수집한 데이터로 훈련되어 있기 때문에 최신 정보에 대해서는 대답하지 못합니다. 예를 들어, 챗GPT에게 현재 대한민국의 대통령이 누구인지를 물으면 자신이 가진 정보는 최신이 아니므로 뉴스나 인터넷 검색을 참고하라고 조언합니다.

**NOTE** 챗GPT에 처음 접속하면 다음과 같이 사용 시 주의 사항을 안내하는 팝업 창이 보입니다. 내용을 하나씩 살펴보겠습니다.

지금 사용하려는 챗GPT는 무료입니다. 연구 목적으로 제공되는 초기 버전이므로, 가끔 부정확한 응답을 생성할 수 있습니다. 그러니 챗GPT의 응답을 곧이곧대로 받아들이지는 말라고 당부하네요. [Next]를 클릭하세요.

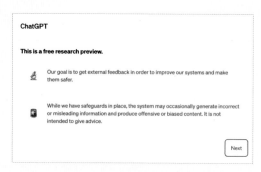

연구 목적의 무료 프리뷰입니다.
챗GPT 프리뷰는 외부의 피드백을 받아 시스템을 개선하고
보안을 강화하는 데 목적이 있습니다.
자체적인 안전장치가 있긴 하지만, 종종 틀리거나 오해를 부를 수 있는
정보를 생성하고, 불쾌하거나 편향된 콘텐츠를 제공할 수 있습니다.

챗GPT와 나눈 대화는 모델의 훈련 데이터로 사용되므로, 오픈AI의 엔지니어가 그 내용을 읽어볼 수도 있습니다. 따라서 개인 정보와 같은 민감한 정보를 노출시키지 않는 것이 좋겠습니다. 안내를 이해했다면 [Next]를 클릭하세요.

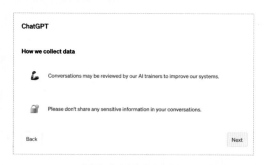

어떻게 데이터를 수집할까요?
챗GPT와 나눈 대화는 시스템 개선 목적으로 사용될 수 있습니다.
민감한 정보를 대화에 노출하지 마세요

챗GPT는 경우에 따라 응답이 적절했는지 아닌지를 평가해 달라고 요청하기도 합니다. 챗GPT에게 피드백을 남기는 방법은 뒤에서 다시 소개하도록 하겠습니다. 팝업 창을 다 읽었다면 [Done]을 클릭하세요.

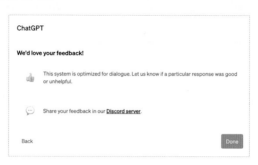

피드백은 언제나 환영입니다!
챗GPT는 대화에 최적화되어 있습니다. 응답이 유용했는지 아닌지
평가해 주세요.
챗GPT 디스코드 서버에 당신의 피드백을 공유해 주세요.

챗GPT의 기본적인 기능과 제약 사항을 알아보았습니다. 장단점을 숙지하고 있으면 챗GPT라는 유용한 도구를 적재적소에 활용할 수 있겠죠? 그럼 이제부터는 챗GPT가 자랑해 마지 않는 그 뛰어난 글솜씨를 확인하러 가 봅시다.

# 02

## 챗GPT로
## 글쓰기

이번 절에서는 본격적으로 챗GPT를 사용하여 글을 써 볼 것입니다. 간단히 단편 소설의 줄거리를 지어 보며 챗GPT의 사용법을 익히는 것부터 시작할게요. 그리고 나서 검색과 요약, 번역을 해 보고 메일도 작성해 봅시다.

### 단편 소설 쓰기

GPT 초기 화면에서 [New chat]을 클릭하고 새로운 채팅을 시작하세요. 화면 하단 입력 상자에 프롬프트를 입력하면 됩니다.

단편 소설의 줄거리를 써 달라고 요청해 볼까요? [Send a messasge]에 다음과 같이 입력하고 ▶ 아이콘을 클릭하세요.

---

 시골에 사는 남자와 도시에 사는 여자 사이의 로맨스를 그린 단편 소설을 쓰려고 해. 간단한 줄거리를 작성해 줘.

 어느 날, 도시에서 살고 있는 여성이 시골로 여행을 가게 된다. 그곳에서 그녀는 우연히 시골에 사는 남자와 만나게 된다. 그 남자는 그녀와 완전히 다른 생활을 하고 있었지만, 그의 순박하고 진실된 성격은 그녀에게 매력을 느끼게 한다.

---

그들은 함께 시골을 돌아다니며 많은 시간을 보내고 서로에게 끌리기 시작한다. 그러나, 그녀는 도시로 돌아가야 하는 일정이 있기 때문에 긴장감이 높아진다. 마지막 밤, 그녀와 그 남자는 함께 별을 보며 이별을 하게 된다.

하지만 그녀는 도시로 돌아가서도 계속해서 그 남자를 생각하게 되고, 결국 그녀는 다시 그 남자를 찾아가게 된다. 그리고 그 남자와 함께 삶을 시작하게 된다. 그들은 서로 다른 배경과 생활을 가졌지만, 그들은 서로를 향한 강한 끌림에 의해 이어진다.

시골에 사는 남자와 도시에 사는 여자 사이의 로맨스를 그린 단편 소설에 대한 줄거리를 작성해 달라고 요청하자, 제법 그럴싸한 줄거리를 만들어 주었습니다. 하지만 약간 단조롭다는 생각이 드네요.

챗GPT의 응답 메시지 아래에 있는 [Regenerate response]를 클릭하면 답변을 다시 생성합니다. 한번 클릭해 볼게요.

 시골에 사는 남자와 도시에 사는 여자 사이의 로맨스를 그린 단편 소설을 쓰려고 해. 간단한 줄거리를 작성해 줘.

 어느 날, 도시에 살고 있는 여성인 지은은 일상적인 도시 생활에 지친 채로 시골로 떠나기로 결심합니다. 그녀는 시골에서 여유로운 삶을 살며 맑은 공기와 자연의 아름다움에 감동을 받습니다.

한편, 시골에서 태어나 사는 남자인 석호는 자연과 더불어 살아가며 평화로운 일상을 즐기고 있습니다. 어느 날, 그는 시골길을 걷다가 우연히 지은을 만나게 되고, 둘은 서로의 눈길을 더듬으며 첫인상을 교환합니다.

그 이후로, 지은은 자신도 모르게 시골의 매력에 빠져들며, 석호와 함께 시골에서 삶의 의미를 찾아가는 여정을 시작합니다. 둘은 자연과 함께 즐겁고 평화로운 일상을 나누며 서로에 대해 더욱 깊은 애정을 느끼게 됩니다.

하지만, 지은은 도시에서의 일상을 그리워하기 시작하고, 석호는 시골에서의 삶이 그리 만족스러운 것은 아닌 것 같은 불안감을 느끼게 됩니다. 둘은 서로 다른 삶을 살아가는 것이 어려움을 깨닫게 되고, 결국 이별하게 됩니다.

하지만, 그들은 서로의 삶에 대해 존중하며, 자신이 선택한 길을 행복하게 살아가기로 결심합니다. 마지막으로, 지은은 석호에게 감사하다는 말과 함께 행복한 인연을 기억하며 떠나게 됩니다.

---

이번에는 훨씬 더 구체적인 스토리를 작성했습니다. 주인공의 이름도 나오고, 갈등에 따라 이야기를 전개하네요. 새드 엔딩으로 마무리되는 결말까지 제시했습니다. 챗GPT는 확률적으로 텍스트를 생성하기 때문에 [Regenerate response]를 클릭할 때마다 조금씩 다른 결과를 볼 수 있습니다.

**NOTE**   챗GPT는 응답을 재생성하면 피드백을 요청하기도 합니다.

→ 응답이 개선되었나요?

재생성한 응답이 이전보다 적절하다면 [Better]를, 오히려 더 나빠졌다면 [Worse]를, 그다지 달라지지 않았다면 [Same]을 클릭하세요.

[Regenerate response]를 클릭하는 대신 프롬프트를 수정하여 텍스트 생성을 다시 요청할 수도 있습니다. 프롬프트를 수정하려면 입력한 프롬프트 위로 마우스를 가져가세요. 오른쪽에 ✑ 아이콘이 나타나면 클릭합니다.

두 주인공 사이가 처음에는 나빴다가 점차 좋아지는 이야기를 작성해 달라고 프롬프트를 수정해 보겠습니다. 다음과 같이 작성한 후 [Save&Submit]을 클릭합니다.

---

 시골에 사는 남자와 도시에 사는 여자 사이의 로맨스를 그린 단편 소설을 쓰려고 해. 처음에는 둘 사이가 나빴지만 점차 친해지게 된다는 줄거리를 작성해 줘.

 한적한 시골 마을에서 살고 있는 남자 준호는 자신의 일을 하느라 바쁘게 지내고 있었다. 그런데 어느 날, 도시에서 온 여자 미경이 그의 집 앞을 지나가며 길을 잃어버렸다.

"실례지만, 이 근처에 선반상이 어디 있나요?" 미경은 살며시 물었다.

그러자 준호는 살짝 깜짝 놀라며 답했다. "선반상? 이 근처에는 그런 것 없는데, 어떤 일로 필요하세요?"

미경은 웃으며 자신이 만들고 있는 작은 공예품을 완성시키기 위해서 선반상이 필요하다며 설명했다. 준호는 그녀를 도와주기로 결심했다.

처음에는 서로 사이가 나빴다. 시골 사람들은 모두 똑같았지만 미경은 도시 사람이라 어색한 분위기가 있었다. 미경도 준호가 불친절한 사람처럼 보였다. 그러나 시간이 지날수록 둘은 서로에게 조금씩 끌리기 시작했다.

미경은 준호에게 자신의 도시 생활에 대해 이야기했고, 준호는 미경에게 시골 생활의 아름다움을 보여주었다. 서로의 이야기를 들으면서 둘은 친해지고 서로에게 애정을 느끼게 되었다.

그리고 마침내, 준호는 미경에게 그녀의 작은 공예품을 위한 선반상을 만들어 주었다. 그리고 그 선반상 위에는 미경이 만든 작은 공예품들이 귀여운 모습으로 놓여져 있었다.

둘은 서로의 마음을 이제는 분명히 알고 있었다. 미경은 준호에게 고마움을 전하며, 준호는 미경에게 자신의 마음을 솔직하게 이야기했다. 둘은 서로를 사랑하고 있었다.

시골과 도시, 서로 다른 세상에 살고 있었지만, 둘이 함께한 순간에는 그 어떤 거리나 차이도 없었다. 이제 둘은 서로를 위해 서로를 지켜보며 행복한 삶을

---

이번에는 더 긴 텍스트를 생성했습니다. 두 주인공 사이의 대화도 있네요. 하지만 무슨 이유인지 텍스트가 생성되다 중단되었습니다. 이따금 긴 텍스트를 생성할 때면 응답이 중간에 멈출 수 있습니다. 이럴 때는 [Continue generating]을 클릭하거나, 다음처럼 계속해서 써 달라고 요청하면 됩니다.

 이어서 써 줘.

 그 후로도 둘은 서로를 위해 노력하며 행복한 일상을 보내고 있었다. 미경은 시골에서 살면서 즐거운 일들을 많이 경험하며 준호와 함께 새로운 것들을 배우고 있었다. 준호는 미경의 도시적인 감각을 배우면서 자신도 함께 발전하고 있었다.

둘은 자연스럽게 서로를 위한 일들을 하며, 서로를 위해 준비한 감동적인 선물들도 주고 받았다. 이제는 서로의 세상을 함께 나누며, 서로의 삶에 있어 필요한 존재가 되어가고 있었다.

하지만 어느 날, 미경은 도시에서 일어난 일로 인해 시골로 떠나야 했다. 준호는 미경을 떠나보내는 것이 너무 힘들었다. 그러나 미경은 준호에게 자신이 언제나 그의 곁에 있을 것이라고 말했다.

둘은 서로를 믿고, 서로를 지켜보며 멀리 떨어져 있어도 서로를 생각하며 살아갈 것을 약속했다. 이제는 서로의 삶에서 떨어져 있더라도 서로를 위해 기도하며, 서로를 생각하며 살아갔다.

몇 년이 지난 후, 미경은 다시 시골로 돌아왔다. 준호는 기다리고 있었고, 이제는 서로가 이룬 꿈을 함께 나누며 새로운 시작을 했다. 둘은 서로를 위해 함께 노력하며, 서로의 행복을 위해 함께 웃고 울기도 했다.

이제는 서로를 위해 영원히 함께하겠다는 약속을 서로에게 교환하며, 서로를 사랑하는 삶을 계속 살아가고 있었다. 서로를 위해 노력하며, 서로를 지켜보며, 이제는 영원히 함께하는 것이 서로에게 가장 큰 행복이 되었다.

**NOTE**　챗GPT는 이전의 대화를 기억합니다. 프롬프트를 수정하거나 응답을 재요청한 상황에서, 이전의 프롬프트 또는 응답으로 돌아가고 싶다면 메시지 왼쪽의 화살표를 클릭하세요.

> ‹ 3/3 ›　🧑　시골에 사는 남자와 도시에 사는 여자 사이의 로맨스를 그린 단편 소설을 쓰려고 해. 처음에는 둘 사이가 나빴지만 점차 친해지게 된다는 줄거리를 작성해 줘.

소설의 줄거리를 써 보면서 챗GPT의 기본적인 사용법을 익혔습니다. 프롬프트를 구체적으로 작성할수록 챗GPT의 응답 역시 섬세해진다는 것을 알 수 있었죠. 또 프롬프트를 수정하고, 응답을 재요청하는 방법도 알아보았습니다.

이제 챗GPT와 조금은 친해졌을 겁니다. 조금 더 흥미로운 요청을 해 보겠습니다.

## 해외 자료 검색하고 번역하기

챗GPT는 검색과 요약에 특화되어 있습니다. 아마존 프라임Amazon Prime에서 방영한 어린이용 미국 드라마인 「Stinky & Dirty Show(2015~2019)」에 대해 물어보겠습니다. 참고로 이 드라마는 국내에 잘 알려지지 않아서 한국어로 쓰인 자료를 찾기 어렵습니다.

　아마존 프라임 드라마인 Stinky & Dirty에 대해 알려 줘　✐

　"Stinky & Dirty"는 아마존 프라임 비디오에서 제작된 어린이를 위한 애니메이션 시리즈입니다. 이 시리즈는 스키도저인 스틴키와 쓰레기차인 더티가 함께 모험을 떠나며 문제를 해결하는 모습을 그립니다. 이 드라마는 어린이들을 대상으로 하기 때문에, 시청각적으로 매우 독창적인 요소들이 등장합니다. 노래와 춤, 색감 등 모든 측면에서 아이들이 좋아할 만한 요소들이 담겨 있습니다. 이 시리즈는 인내와 용기, 그리고 협동 등을 배울 수 있는 교육적인 요소도 함께 담고 있어서, 아이들의 교육적인 가치를 높일 수 있는 좋은 작품입니다. "Stinky & Dirty"는 2015년에 첫 방영되었으며, 현재까지 3시즌이 방영되었습니다.

챗GPT는 「Stinky & Dirty Show」에 대해 꽤 자세히 알려 줍니다. 해당 드라마가 '좋은 작품'이라고 평하기까지 하네요. 챗GPT에게 이 드라마에 대해 어떻게 알았는지 물어봤습니다.

---

 Stinky & Dirty에 대한 한글 자료가 거의 없는데 어떻게 알았니? ✎

---

 저는 인공지능 언어모델인 GPT-3을 기반으로 동작하는 챗봇이기 때문에, 인터넷에 있는 다양한 영문 자료를 기반으로 답변을 제공하고 있습니다. "Stinky & Dirty"에 대한 정보도 인터넷에 많이 공개되어 있기 때문에, 영어 자료를 참고하여 답변을 제공했습니다. 그러나 한국어 자료가 적다면, 제가 제공한 답변이 부족하거나 불충분할 수 있습니다. 이 점 유의하시기 바랍니다.

---

챗GPT는 영문 자료를 참고하여 답변했다고 합니다. 오픈AI에서 챗GPT가 어떻게 언어에 구애받지 않고 정보를 제공할 수 있는지 설명하는 공식적인 문서는 찾을 수 없었습니다.

추측하건대, 챗GPT가 영문 자료로 학습한 정보가 모델 파라미터에 저장되어 있고, 이 정보는 언어에 종속되어 있지 않아서 다른 언어로도 표현할 수 있는 것 같습니다. 즉, 챗GPT는 다른 언어로 쓰인 자료를 토대로 응답을 생성할 수 있다는 의미입니다. 굉장하군요. 이런 점을 잘 활용하면 더 넓은 범위의 정보를 수집할 수 있을 것입니다.

이번에는 같은 질문을 영어로 해 볼게요.

Could you tell me about the Amazon Prime Video series, Stinky & Dirty?

 "Stinky & Dirty" is an animated series for children produced by Amazon Prime Video. The series follows the adventures of Stinky the garbage truck and Dirty the bulldozer as they go on missions to solve problems. The show features a variety of unique elements that appeal to children, including songs, dances, and vivid colors. "Stinky & Dirty" also has educational value, teaching children lessons about perseverance, courage, and cooperation. The show has three seasons and first premiered in 2015. Overall, "Stinky & Dirty" is an entertaining and educational series for young children that teaches valuable life lessons.

챗GPT는 때때로 같은 내용이라도 영어로 물었을 때, 더 풍부한 정보를 제공하기도 합니다. 챗GPT는 영어로 물은 질문에 영어로 응답하는데, 이해하기 어렵다면 응답한 내용을 한국어로 번역해 달라고 요청하면 됩니다.

 한국어로 번역해 줘.

 "Stinky & Dirty"는 아마존 프라임 비디오에서 제작된 어린이용 애니메이션 시리즈입니다. 이 시리즈는 쓰레기차 스틴키와 불도저 더티가 문제를 해결하기 위해 모험을 떠나는 내용을 다룹니다. 시청각적으로 매우 독창적인 요소들이 포함된 이 드라마는 어린이들을 대상으로 하며, 노래, 춤, 선명한 색감 등 다양한 요소들이 등장합니다. 또한, "Stinky & Dirty"는 인내, 용기, 협동 등의 교육적인 가치를 전달하기 때문에 어린이들에게 유익한 작품입니다. 이 드라마는 2015년에 첫 방영되었으며, 현재까지 3시즌이 방영되었습니다. 총괄적으로, "Stinky & Dirty"는 어린이들을 위한 재미있고 교육적인 시리즈로, 가치 있는 인생 교훈을 전달합니다.

챗GPT는 다른 언어로 쓰인 데이터를 바탕으로도 자연스러운 답을 생성하고, 다양한 언어로 텍스트를 번역할 수 있습니다. 파파고와 같은 번역기와 비교해도 결코 뒤지지 않죠.

이렇게 최신 정보가 아니면서 인터넷에 정보가 충분한 내용은 챗GPT를 사용해 검색할 수 있습니다. 일반적으로 검색 엔진은 키워드가 포함된 웹 페이지를 보여 주는 데 그치는 반면, 챗GPT는 각 웹 페이지에 흩어진 정보를 요약해서 보여 줍니다. 물론 챗GPT가 항상 정확한 정보만을 전달하지는 않기 때문에 검증이 필요하지만, 정보를 수집하며 느끼는 피로도는 줄일 수 있습니다.

## 책 소개 요약하기

챗GPT는 텍스트의 문맥을 파악하여 간결하고 의미 있는 요약문을 생성하는 데 뛰어난 능력을 보여 줍니다. 짧은 소설이나 수필, 보고서, 뉴스 등 다양한 성격의 문서에서 핵심 내용을 파악하고, 훌륭하게 요약하죠.

다음 글은 한빛미디어 홈페이지(https://www.hanbit.co.kr/media)에 소개된 『혼자 공부하는 머신러닝+딥러닝』(한빛미디어, 2020)의 도서 특징입니다. 챗GPT에게 요약을 요청해 보겠습니다.

▌ 챗GPT의 프롬프트 입력 상자에서 줄 바꿈을 하려면 [Shift]와 [Enter] 키를 동시에 누르세요.

---

 다음 책 소개를 간단히 요약해 줘.

도서 특징

하나. 탄탄한 학습 설계: '입문자 맞춤형 7단계 구성'을 따라가며 체계적으로 반복 학습한다
이 책은 머신러닝과 딥러닝의 핵심 내용을 7단계에 걸쳐 반복 학습하면서 자연스럽게 머릿속에 기억되도록 구성했다. 모든 절에서 [핵심 키워드]와 [시작하기 전에]를 통해 각

절의 주제에 대한 대표 개념을 워밍업한 후, 이론과 실습을 거쳐 마무리에서는 [핵심 포인트]와 [확인 문제]로 한번에 복습한다. '혼자 공부할 수 있는' 커리큘럼을 그대로 믿고 끝까지 따라가다 보면 인공지능 공부가 난생 처음인 입문자도 무리 없이 책을 끝까지 마칠 수 있다!

**둘, 파이썬만 안다면 프로젝트별 '손코딩'으로 머신러닝과 인공지능을 제대로 익힌다**
파이썬 기초 지식이 있는 독자라면 이론 설명은 두 눈과 머리로 술술 읽으며 넘어가고, 직접 손코딩하며 실전 감각을 익히도록 엄선된 프로젝트 실습 예제를 담았다. 반복 학습과 연습이 가장 필수적인 입문자도, 실전형 코드로 연습하면서 책에 담긴 코드를 '나의 코드'로 만들 수 있다. 7장부터 시작하는 딥러닝은 머신러닝 중 4장 내용을 반복 학습한 다음에 익히도록 한다.

**셋, '혼공'의 힘을 실어줄 동영상 강의, 학습 사이트 지원**
http://hongong.hanbit.co.kr
책으로만 학습하기엔 여전히 어려운 입문자를 위해 저자 직강 동영상도 지원한다. 또 학습을 하며 궁금한 사항은 언제든 질문할 수 있도록 학습 사이트를 제공한다. 저자가 질문 하나하나 직접 답변하고 있으며, 관련 최신 기술과 정보도 공유한다. 게다가 혼자 공부하는 그 길에 함께 공부하기를 원하는 사람들의 모임인 혼공 학습단을 운영하여 마지막까지 포기하지 않고 독자가 완주할 수 있도록 최대한 지원하고 있다.

**넷, 언제 어디서든 가볍게 볼 수 있는 혼공 필수 [용어 노트] 제공**
꼭 기억해야 할 핵심 개념과 용어만 따로 정리한 [용어 노트]를 제공한다. 처음 프로그래밍에 입문하는 사람에게 낯선 용어가 어렵듯이 머신러닝과 딥러닝을 처음 접하는 사람에게도 낯선 용어가 진입 장벽이 된다는 것을 베타리더를 통해 확인했고, 어려운 것이 아니라 익숙하지 않아서 헷갈리는 것이므로 잘 생각나지 않을 때는 언제든 부담 없이 펼쳐보자. 제시된 용어 외에도 새로운 용어를 추가하면서 자신만의 용어 노트를 완성해 가는 것도 또 다른 재미가 될 것이다.

**다섯, 스토리텔링 속 주인공과 함께 독자도 성장**
낯설고 어렵기만 한 이론을 풀기 위해서 한빛 마켓에 입사한 신입사원이 업무에서 머신러닝, 딥러닝을 어떻게 활용하는지를 스토리텔링으로 풀었다. 앱에 새로운 기능을 더해가는 신입사원의 이야기를 통해 독자도 함께 머신러닝, 딥러닝을 학습할 수 있도록 구성했다. 각 절의 끝에는 [문제해결 과정]을 두어 신입사원이 어떤 과정을 통해 문제를 해결했는지 간략하게 정리한다.

한빛미디어에서 출판된 '혼자 공부하는 머신러닝+딥러닝'은 머신러닝과 딥러닝을 학습하기 위한 7개의 단계를 제공하며, 각각의 단계에서는 핵심 키워드와 워밍업, 이론과 실습, 핵심 포인트와 확인 문제를 제공하고 있다. 이론적인 설명 외에도 파이썬을 이용한 손코딩 실습 예제를 통해 프로젝트별 학습이 가능하다. 또한, 저자 직강 동영상과 학습 사이트를 통해 지원을 제공하며, 언제 어디서든 확인 가능한 '용어 노트'도 제공한다. 이 책은 머신러닝과 딥러닝을 처음 접하는 입문자부터 숙련자까지 전반적으로 사용할 수 있는 책이다.

프롬프트에 긴 글을 입력했는데도, 핵심 내용을 잘 간추렸습니다. 게다가 단순히 요약을 잘 한 것을 넘어, 도서 특징만 읽고도 책의 제목이 『혼자 공부하는 머신러닝+딥러닝』인 것을 알아챘습니다. 아주 영리하군요.

요약은 자연어 처리 모델이 수행할 수 있는 대표적인 작업입니다. GPT 계열 모델 외에도 요약 작업을 수행할 수 있는 자연어 처리 모델이 많죠. 하지만 챗GPT만큼의 성능을 내는 모델은 드뭅니다.

챗GPT의 강력한 요약 능력은 더 많은 정보를 빠르게 활용할 수 있게 도와 줍니다. 과제를 하거나, 일을 할 때 보조적으로 활용하면 효율적으로 정보를 소화할 수 있겠어요. 여기서는 챗GPT를 사용해 책 소개를 요약해 보았지만, 뒤에서 웹 페이지와 PDF 파일을 요약하는 방법도 알아보겠습니다.

**NOTE** 2023년 5월 12일, 오픈AI는 챗GPT 플러그인(plugin)을 출시했습니다. 챗GPT 플러스를 유료로 결제했다면, 챗GPT 플러그인을 사용해 다양한 작업을 수행할 수 있습니다. 챗GPT 브라우징 플러그인을 사용하면 "https://www.hanbit.co.kr/media/books/book_view.html?p_code=B2002963743의 내용을 요약해 줘."와 같이 웹 페이지의 주소를 직접 전달하여 내용을 요약할 수 있습니다.

다음에 해 볼 작업은 이메일 작성입니다. 이메일 작성은 일상적인 과제지만, 상황에 따라 적절한 어조나 문체를 사용해야 하기 때문에 은근히 신경 쓸 것이 많죠. 챗GPT가 도와준다면 더 수월하게 할 수 있을 겁니다.

## 메일 보내기

업무와 일상에서 이메일을 쓸 일이 종종 있죠. 챗GPT는 탁월한 작문가이므로 물론 메일도 잘 써 줍니다. 이번에는 입사를 희망하는 회사에 지원 절차를 문의하는 메일을 써 달라고 해 볼 겁니다. 영어로요!

📑 챗GPT의 응답 아래에 있는 번역문은 독자 여러분의 편의를 위해 편집 과정에서 추가된 것입니다.

---

 입사를 희망하는 회사에 지원 절차를 문의하는 메일을 쓸 거야. 영어로 이메일을 작성해 줘. ✎

---

 Subject: Inquiry about Application Process for [Company Name]

Dear Hiring Manager,

I hope this email finds you well. My name is [Your Name] and I am writing to inquire about the application process for [Company Name]. I am very interested in joining your team and believe that my skills and experience would make me a valuable addition to the company.

I have been following your company's progress and am impressed with the work that you do. As a [Your current position or field], I have [Briefly describe your relevant skills or experience]. I believe that my skills and experience would align well with the requirements of [Job Position or Department] at [Company Name].

I would greatly appreciate it if you could provide me with more information regarding the application process for the position. Specifically, I would like to know what materials I should prepare, the timeline for the application process, and any other information that would be helpful for me to know.

Thank you for your time and consideration. I look forward to hearing back from you soon.

Sincerely,

[Your Name]

---

제목: [회사 이름] 채용 지원 절차 문의

존경하는 채용 담당자님,

이 이메일이 당신께 좋은 소식을 전하길 바랍니다. 저는 [이름]이라고 하며, [회사 이름]의 채용 지원 절차에 대해 문의하고자 이렇게 메일을 보내게 되었습니다. 저는 귀사에 관심이 많으며, 제 기술과 경험이 귀사에 보탬이 될 것이라고 생각합니다.

귀사의 발전을 지켜보며, 저는 귀사가 해 온 일에 감탄했습니다. 저는 [현재의 직위나 분야]로 일하며, [당신의 기술이나 경험에 대한 간략한 설명]을 쌓았습니다. 이러한 능력들은 [회사 이름]에서 [직무 또는 부서 이름]에서 요구하는 조건과 잘 부합될 것이라 생각합니다.

해당 직무의 지원 절차에 대한 자세한 정보를 알려 주신다면 감사하겠습니다. 특히 제가 준비해야 할 자료, 지원 절차의 일정 및 기타 유용한 정보에 대해 알고 싶습니다.

시간 내 주셔서 감사합니다. 곧 답변을 받길 기대하겠습니다.

진심을 다해,

[이름] 드림

---

제법 그럴싸한 내용이 뚝딱 나왔네요. 번역기로 어색하게 옮겨 놓은 글 같지 않습니다. 게다가 이메일의 형식에 맞춰 제목과 인사까지 완벽하게 만들어 주었습니다. 괄호에 적절한 내용을 채우기만 하면 이대로 메일을 보낼 수도 있겠군요.

글을 쓸 때는 시작이 가장 어렵습니다. 누군가 뼈대를 만들어 주면 그 다음부터는 쉽게 살을 붙일 수 있는 경우가 많죠. 챗GPT를 사용한다는 것은 친절한 사수를 곁에 두고 있는 셈입니다.

챗GPT는 어조나 톤을 조절하여 여러 스타일의 문장을 자유롭게 만들 수 있습니다. 예를 들어 이번에는 화가 난 사람처럼 써 달라고 해 볼까요?

 화가 난 사람처럼 다시 써 줘.

 Subject: What's the deal with the Application Process at [Company Name]?

Hey,

I'm trying to figure out what the heck is going on with the application process at [Company Name]. Look, I want to work for you guys, okay? But I can't seem to get any information about what the deal is with applying for a job there.

I've been keeping tabs on your company for a while and honestly, I'm pretty impressed. I think I'd be a great fit for [Job Position or Department] based on my [Briefly describe your relevant skills or experience]. But I can't even figure out where to start with the application process.

So can you give me the scoop? What do I need to do to apply? What kind of materials do you want to see from me? And can you give me some idea of how long this is all going to take?

Look, I'm not trying to be difficult here. I just really want to work for [Company Name] and I feel like I'm hitting a brick wall. Any help you can give me would be greatly appreciated.

Thanks,

[Your Name]

제목: [회사 이름]의 지원 절차는 어떻게 되어 먹은 겁니까?

이봐요,

[회사 이름]의 지원 절차가 도대체 어떻게 돌아가는지 이해를 못 하겠네요. 전 당신네 회사에서 일하고 싶다고요. 근데 지원 하려면 뭘 해야 하는지 제대로 된 정보를 찾을 수가 없단 말입니다.

이 회사를 오랫동안 지켜 보았는데, 솔직히 좀 감명받았어요. 제 생각에 전 [당신의 기술이나 경험]이 있어서 [직무 혹은 분야]에 딱 맞아요. 그런데 지원 절차를 시작하는 방법조차 알 수가 없네요.

아무튼 좀 도와 줄래요? 어떻게 지원해야 하나요? 준비해야 하는 자료는 무엇이죠? 지원 절차는 얼마나 걸리나요?

제가 진상 부리려고 이러는 게 아닙니다. 그냥 [회사 이름]에서 일하고 싶을 뿐이고, 뭘 해야 하는지 몰라서 진전이 없어요. 그러니까 도와 주면 고맙겠어요.

감사합니다.

[이름] 드림

---

화가 난 사람처럼 써 달라고 부탁했더니 "Dear Hiring Manager(친애하는 채용 담당자님)"에서 "Hey(이봐요)"로 인사말부터 바뀌었네요. 전에는 정중한 어조로 "I would greatly appreciate it if you could provide me with more information…(더 많은 정보를 주신다면 감사하겠습니다.)"처럼 말했다면, 바뀐 응답에서는 "So can you give me the scoop?(그러니 좀 도와 줄래요?)"처럼 관용어구를 포함한 가벼운 어조로 말하고 있습니다. 어이쿠, 이렇게 메일을 보내서는 원하는 회사에 합격하기 힘들겠어요.

챗GPT는 외국어를 한국어로, 혹은 외국어를 또 다른 외국어로 번역할 수 있습니다. 특히 스타일을 지정할 수 있기 때문에 다양한 용도로 활용할 수 있죠. 글의 쓰임새나 형식, 글에서 표현하고 싶은 감정 등을 챗GPT에게 알려 주면 더 창의적이고 흥미로운 글을 생성해 줄 것입니다.

# 03

# 챗GPT로
# 일하기

아이디어가 필요할 때, 보고서를 작성해야 할 때, 챗GPT를 활용해서 업무의 효율을 높여 보세요. 프롬프트를 입력하기만 하면 다양한 아이디어를 도출하고, 적절한 보고서 양식을 보여 줄 것입니다. 챗GPT의 도움을 받으면 특정 언어로 프로그래밍하거나, 이미 작성된 코드에 설명을 덧붙이는 일도 쉬워집니다.

## 광고 아이디어 요청하기

챗GPT에게 창의력을 요하는 작업도 맡길 수 있을까요? 이번에는 챗GPT에게 광고 아이디어를 요청해 보겠습니다.

 새로 나온 운동화를 광고하려는데, 좋은 아이디어를 다섯 가지 제시해 줘.

1. 스포츠 스타들의 열정과 피날레를 보여주는 광고: 운동화를 신고 스포츠 경기에서 뛰는 유명 선수들의 모습을 보여줌으로써, 이 운동화가 어떤 성능과 기능을 가졌는지 시각적으로 보여주는 광고.

2. 시간에 대한 도전을 주제로 한 광고: "시간을 뛰어넘어라" 같은 슬로건으로, 운동화를 신고 뛰는 사람들이 시간을 뛰어넘어, 자신의 기록을 갱신하고 개인적인 목표를 달성하는 모습을 보여주는 광고.

3. **혁신적인 기술을 강조하는 광고:** 이 운동화가 적용된 기술과 혁신을 강조하는 광고. 다양한 시각적인 효과를 사용하여 운동화의 기술적인 측면을 강조하는 광고.

4. **유니크한 디자인과 스타일을 강조하는 광고:** 운동화의 새로운 디자인과 스타일을 강조하는 광고. 여러 가지 스타일을 사용하여 다양한 색상과 패턴을 사용한 광고.

5. **편안함을 강조하는 광고:** 편안한 착화감과 편안한 걷기를 강조하는 광고. 실제로 운동화를 신고 다양한 상황에서 착용한 모습을 보여주며, 이 운동화를 신고 있을 때 편안함과 건강을 느낄 수 있는 광고.

꽤 독창적인 아이디어를 구체적으로 제시해 주었습니다. 특히 두 번째 아이디어에는 슬로건까지 제안하네요. 그럼 이 아이디어를 바탕으로 운동화 광고의 카피라이트도 작성해 달라고 요청해 볼까요?

 이 광고의 카피라이트를 작성해 줘.

 "새로운 발걸음, 새로운 시작. 이제는 당신의 미래를 더욱 밝게 비춰줄 준비가 되었습니다. 최신 기술로 완성된 우리의 새로운 운동화와 함께라면, 당신은 어디든지 달려나갈 수 있습니다. 꿈꾸던 그 곳으로, 이제 발걸음을 옮기는 것만 남았습니다. 함께 시작해보세요."

제법이네요. 매끄러운 카피라이트입니다. 챗GPT를 사용하면 전문 카피라이터가 아니라도 준수한 문장력을 발휘할 수 있겠습니다. 내친김에 마케팅 보고서 초안을 작성해 달라고 요청해 보겠습니다.

이 운동화의 마케팅 보고서 초안을 작성해 줘.

 [새로운 운동화 마케팅 보고서 초안]

**1. 서론**

본 보고서는 새로운 운동화의 마케팅 전략에 대한 분석과 제안을 위해 작성되었습니다. 본 제품은 기존의 운동화와는 차별화된 기술력과 디자인, 내구성, 그리고 편안함을 갖추고 있으며, 운동 성능 향상을 위한 적극적인 연구 개발이 이루어졌습니다.

**2. 시장분석**

현재 운동화 시장은 코로나19 영향으로 온라인 쇼핑몰의 매출 비중이 높아졌습니다. 또한, 실내 운동을 선호하는 소비자들이 늘어나고 있어, 적극적인 온라인 마케팅 전략이 필요합니다. 또한, 지속가능성과 사회적 책임성을 고려하는 소비자들의 수도 증가하고 있으며, 이러한 소비자들에게 자신의 브랜드 이미지를 강조하는 것이 중요합니다.

**3. 제안**

(1) 디지털 마케팅: 운동을 즐기는 인플루언서들과의 협력, 새로운 기술력과 디자인을 강조한 비디오 광고 제작, 적극적인 소셜 미디어 마케팅 전략

(2) 제품 강점 강조: 새로운 운동화의 기술적인 요소와 내구성, 편안함 등 제품의 강점을 중점적으로 강조

(3) 사회적 책임성 강조: 환경 친화적인 재료 사용과 같은 지속가능한 생산 과정과 일정 부분의 수익을 기부하는 등, 브랜드의 사회적 책임성을 강조

(4) 브랜드 이미지 강화: 브랜드의 철학과 가치를 강조하는 슬로건, 브랜드 색상과 로고를 강조하는 디자인 전략 등으로 브랜드 이미지를 강화

**4. 결론**

본 제안서에서 제안한 전략들은 새로운 운동화를 성공적으로 마케팅할 수 있는 방안입니다. 운동화 시장의 변화와 소비자들의 변화에 대응하여, 적극적인 디지털 마케팅과 제품의 강점과 사회적 책임성을 강조하면서 브랜드 이미지를 강화하는 전략은 소비자들의 관심과 요구에 부합하고 있습니다. 또한, 새로운 운동화의 기술적인 요소와 내구성, 편안함 등의 강점을 중점적으로 강조하여 제품의 가치를 전달할 수 있습니다.

보고서 형식에 맞춰 다양한 전략을 제안했네요. 약간만 손보면 제출할 수 있겠어요.

이처럼 챗GPT를 활용하면 번거로운 문서 작업도 간단히 해결할 수 있습니다. 하지만 여기엔 유의할 점이 있습니다. 앞서 살펴보았듯이, 챗GPT는 2021년 9월 이전에 수집한 데이터로 훈련되었습니다. 따라서 글을 쓰는 시점의 최신 시장 동향에 대해서는 많이 알고 있을 것 같지 않네요.

챗GPT와 광고 아이디어를 구상하면서, 챗GPT가 아이디어 브레인스토밍도 제법 잘한다는 것을 확인했습니다. 그렇다면 이번에는 상금이 걸린 공모전에도 참가해 볼까요?

## 공모전에 참가하고 발표하기

다음은 서울특별시버스운송사업조합에서 주관한 시내버스 서비스 홍보와 이용률 증대를 위한 아이디어 공모전(https://www.서울시내버스공모전.com/)입니다.

공모전의 주제는 서울 시내버스의 서비스 홍보와 시내버스 이용률 증대를 위한 아이디어 제안이네요. 챗GPT에게 좋은 아이디어가 있는지 물어 보겠습니다.

---

 서울시 시내버스의 서비스 홍보와 이용률 증대를 위한 아이디어 공모전에 참가하려고 해. 좋은 아이디어 세 개를 추천해 줘.

 서울시 시내버스의 서비스 홍보와 이용률 증대를 위한 아이디어 추천 세 가지는 다음과 같습니다:

1. 시내버스 탑승 편의성 증대를 위한 행운 버스 카드 캠페인
   - 일정 기간 동안 시내버스를 이용하는 승객들 중 일부에게 행운 버스 카드를 제공하여 혜택 제공
   - 행운 버스 카드로는 현금 할인, 이벤트 참여 등 다양한 혜택 제공
   - 이벤트 참여 시 유의미한 상품이나 경품 제공하여 참여 독려

2. 승차 전 노선 안내와 버스 위치 제공 앱 개발
   - 시내버스 이용자들이 어디서든 해당 버스의 노선과 위치 정보를 확인할 수 있도록 하는 앱 개발
   - 실시간으로 버스의 위치를 파악하고, 대기 시간을 줄이기 위한 예상 도착 시간 등 다양한 정보 제공
   - 버스 정보 뿐 아니라 인근 관광지, 맛집 등 지역 정보 제공하여 시내버스 이용자들에게 추가적인 유용한 정보 제공

3. 시내버스 광고 매체의 다양성 증대
   - 시내버스 내부에 배치된 광고 매체를 다양화하여, 승객들의 시각적 감각을 자극하고, 광고 효과를 극대화
   - 광고 매체로는 LED 스크린, VR 콘텐츠, AR 기술 등을 활용하여 차별화된 광고 서비스 제공
   - 광고 매체를 이용한 이벤트 등 다양한 참여형 캠페인을 통해 승객들의 참여를 유도하여, 광고 효과를 극대화하는 방안 추진

---

구체적인 아이디어 세 가지를 제시해 주었네요. 특히 시내버스 이용자에게 인근 관광지나 맛집의 정보를 제공해서 지역의 매력을 홍보하는 것은 괜찮은 아이디

어인 것 같습니다. 몇 가지를 골라 다듬으면 훌륭한 제안서를 쓸 수 있겠어요. 챗GPT에게 이 내용을 바탕으로 발표문을 작성해 달라고 요청해 보겠습니다.

 이 내용을 바탕으로 공모전에서 발표할 거야. 발표문을 작성해 줘.

 존경하는 여러분,

오늘 저는 서울시 시내버스의 서비스 홍보와 이용률 증대를 위한 세 가지 독창적인 아이디어를 소개하려고 합니다.

첫 번째로, 승객들이 언제 버스가 도착할지 미리 알 수 있는 실시간 위치 추적 앱을 만드는 것입니다. 이를 통해 승객들은 자신의 시간을 효율적으로 관리하고 버스를 더욱 편리하게 이용할 수 있습니다.

두 번째로, 서울시 시내버스의 특성과 편의성을 강조하는 광고 캠페인을 진행하는 것입니다. 이를 통해 더 많은 사람들이 시내버스를 이용하도록 유도할 수 있습니다.

마지막으로, 서울시 시내버스를 이용하면 얻을 수 있는 혜택을 제공하는 프로그램을 만드는 것입니다. 이를 통해 승객들은 더욱 많은 혜택을 누리면서 시내버스를 이용할 수 있습니다.

이러한 독창적인 아이디어들을 통해, 우리는 시내버스 이용률을 증대시키는 데 성공할 것으로 기대합니다. 감사합니다.

내용에 충실하게 잘 작성해 주었네요. 공식적인 자리에서 발표할 수 있도록 정중한 어조로 조리 있게 썼습니다. 인사말도 빠뜨리지 않았고요.

이렇게 챗GPT는 사용자의 목적과 의도에 따라 알맞은 형식으로 글을 작성합니다. 반장 선거에서 멋진 공약을 발표하고 싶을 때, 명절을 맞아 아파트 게시판에 공고를 붙여야 할 때, 결혼식의 주례를 맡았을 때, 어떤 말과 글을 전해야 할지 막막하다면 챗GPT와 협력해 보세요. 이 책에서 자세히 소개되지는 않겠지만 GPT-4의 경우, 충분히 긴 글을 생성할 수 있기 때문에 이를 활용하면 더 멋진 발표문을 만들 수 있을 것입니다.

인공지능은 인간만의 독보적인 능력이라고 여겨지던 창의력까지도 넘보고 있습니다. 많은 전문가들이 현존하는 직업의 대부분은 인공지능에 의해 대체될 것이라고 예견하기도 했죠. 하지만 챗GPT의 장단점을 잘 알고 적절히 활용한다면, 인공지능은 우리의 경쟁자나 적이 아니라 유능하고 친절한 업무 보조가 될 것입니다.

## 프로그램 코드 생성하기

챗GPT를 훈련하는 데 사용한 데이터에는 프로그램 코드도 상당히 많이 들어 있습니다. 그래서 간단한 문제에 대해 코드를 작성해달라고 요청할 수도 있죠. 예를 들면 플라스크Flask라는 웹 프레임워크를 사용해 두 개의 파라미터를 입력받아 출력하는 간단한 파이썬Python 프로그램 작성을 요청해 보겠습니다.

 두 개의 파라미터를 입력받아 문자열로 출력하는 Flask 코드를 작성해 줘.

 다음은 두 개의 파라미터를 받아서 문자열로 출력하는 Flask 코드입니다. 파라미터는 URL에서 가져오며, /parameters/⟨param1⟩/⟨param2⟩와 같은 경로로 요청을 보내야 합니다.

```python
from flask import Flask

app = Flask(__name__)

@app.route('/parameters/<param1>/<param2>')
def print_parameters(param1, param2):
    return f"첫 번째 파라미터는 {param1}, 두 번째 파라미터는 {param2}입니다."

if _name_ == '__main__':
    app.run()
```

예를 들어, http://localhost:5000/parameters/hello/world와 같은 URL을 입력하면 다음과 같은 출력이 됩니다.

```
                                                          🔲 Code
첫 번째 파라미터는 hello, 두 번째 파라미터는 world입니다.
```

📑 프로그래밍 용어나 코드를 이해하지 못해도 괜찮습니다. 이 책의 목적은 챗GPT의 기능을 살펴보는 것이니까요.

와! 코드를 작성해 주었네요. 게다가 코드에 대한 설명과 출력 결과까지 덧붙이고 있습니다. 실제로 이 코드는 정상적으로 작동하며, 챗GPT가 설명한 것과 동일한 결과를 출력합니다.

정말 놀라운 것은, 플라스크라는 프레임워크만 언급했음에도 알아서 파이썬의 문법에 따라 코드를 작성했다는 점입니다. 이는 챗GPT가 코드의 기능과 작동 방식에 대해서도 설명할 수 있음을 시사합니다.

다른 코드를 제시하고 챗GPT에게 설명을 요청해 볼게요.

 다음 코드를 설명해 줘.

```python
def residual_block(x, filters, pooling=False):
    residual = x
    x = layers.Conv2D(filters, 3, activation="relu",
    padding="same")(x)
    x = layers.Conv2D(filters, 3, activation="relu",
    padding="same")(x)
    if pooling:
        x = layers.MaxPooling2D(2, padding="same")(x)
        residual = layers.Conv2D(filters, 1, strides=2)(residual)
    elif filters != residual.shape[-1]:
        residual = layers.Conv2D(filters, 1)(residual)
```

```
x = layers.add([x, residual])
return x
```

이 코드는 컨볼루션 신경망에서 사용하는 Residual Block을 정의하는 함수입니다. Residual Block은 네트워크의 깊이를 증가시키면서도 gradient vanishing/exploding 문제를 해결할 수 있는 방법 중 하나입니다.

Residual Block은 기본적으로 입력값과 출력값이 동일한 차원을 가지는 Shortcut Connection과 일련의 컨볼루션 레이어로 구성됩니다. Shortcut Connection은 입력값을 더하여 출력값을 만듭니다. 이러한 구조를 통해 기존에는 더 깊은 네트워크에서 발생했던 gradient vanishing/exploding 문제를 해결할 수 있습니다.

이 코드에서는 입력값 x와 필터 수 filters를 인자로 받습니다. 또한, pooling 옵션을 사용하여 MaxPooling을 수행할 수 있습니다.

1. 입력값 x를 residual 변수에 저장합니다.
2. x에 3x3 크기의 필터를 사용하여 Conv2D 레이어를 추가하고, 활성화 함수로 ReLU를 사용합니다.
3. 다시 3x3 크기의 필터를 사용하여 Conv2D 레이어를 추가하고, 활성화 함수로 ReLU를 사용합니다.
4. 만약 pooling 옵션이 True라면, 2x2 크기의 필터를 사용하여 MaxPooling2D 레이어를 추가합니다. 이때, padding은 same으로 지정합니다. 그리고 Shortcut Connection을 통해 입력값 x를 2x2 크기로 다운샘플링합니다.
5. 만약 pooling 옵션이 False이고, 입력값 x와 출력값의 필터 수가 동일하지 않다면, 1x1 크기의 필터를 사용하여 Conv2D 레이어를 추가합니다. 이때, 입력값 x와 출력값의 크기를 맞추기 위해 stride를 2로 지정합니다.
6. 입력값 x와 Shortcut Connection을 더하여 출력값을 만듭니다.
7. 출력값을 반환합니다.

이번에도 완벽하게 해냈네요. 제시한 코드는 신경망 구조 중 하나인 잔차 블록Residual block에 대한 것이었습니다. 그리고 챗GPT는 코드에 대해 정확하게 설명했죠. 이 정도면 프로그래밍을 공부하는 데 큰 도움이 되겠어요.

챗GPT가 코드에 적절한 설명을 덧붙일 수 있다는 것을 확인했으니, 챗GPT에게 코드를 제시하고 독스트링docstring을 작성해달라고 요청해 볼 수도 있습니다.

▌ 프로그래밍을 하며 작성한 함수, 모듈, 클래스에 대한 세부 정보를 담은 문서를 독스트링이라고 합니다.

---

 다음 코드를 위한 독스트링을 작성해 줘.

```python
import requests
from requests.adapters import HTTPAdapter
from requests.exceptions import ConnectionError

github_adapter = HTTPAdapter(max_retries=3)

session = requests.Session()

session.mount('https://api.github.com', github_adapter)

try:
session.get('https://api.github.com')
except ConnectionError as ce:
print(ce)
```

---

 이 코드는 requests 라이브러리를 사용하여 GitHub API를 호출하는 코드입니다. HTTPAdapter를 사용하여 최대 3번까지 재시도할 수 있도록 설정한 후, Session 객체에 해당 어댑터를 등록합니다.

그리고 get 메소드를 사용하여 https://api.github.com에 GET 요청을 보냅니다. 이 때, ConnectionError 예외가 발생할 수 있으므로 try-except 구문을 사용하여 예외 처리를 합니다. 예외가 발생하면 해당 예외 객체를 출력합니다.

이 코드의 목적은 GitHub API를 호출하는 예시 코드를 보여주는 것이므로, 독스트링으로는 해당 코드의 설명을 간략히 작성하는 것이 적절합니다.

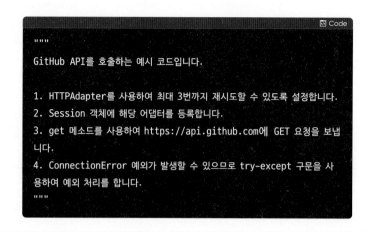

```
"""
GitHub API를 호출하는 예시 코드입니다.

1. HTTPAdapter를 사용하여 최대 3번까지 재시도할 수 있도록 설정합니다.
2. Session 객체에 해당 어댑터를 등록합니다.
3. get 메소드를 사용하여 https://api.github.com에 GET 요청을 보냅
니다.
4. ConnectionError 예외가 발생할 수 있으므로 try-except 구문을 사
용하여 예외 처리를 합니다.
"""
```

개발자에게 독스트링 작성은 성가신 작업입니다. 프로그램을 개발하면서 따로 문서를 정리하기가 어렵고, 코드를 작성한 당사자만이 할 수 있는 일이기 때문이죠. 하지만 이제 챗GPT가 대신 해 줄 수 있습니다. 여러분이 개발자라면 환호성을 지르고 있을지도 모르겠군요.

챗GPT는 어찌 보면 단순한 인공지능입니다. 프롬프트가 입력되면 이어서 텍스트를 생성할 뿐이죠. 하지만 다양한 프롬프트를 시도해 보며 질문과 요청을 갈고 닦으면, 챗GPT를 훨씬 실용적으로 활용할 수 있습니다.

마이크로소프트는 오픈AI와 협력하여 자사의 애플리케이션에 챗GPT 기능을 추가하고 있습니다. 문서를 작성하며, 발표 자료를 만들며, 엑셀에서 연산을 수행하며 챗GPT의 도움을 받을 날이 머지 않아 올 것입니다.

# 04

# 가르치면 배우는
# 챗GPT

GPT를 비롯해 모든 머신러닝 모델은 데이터로부터 규칙을 학습합니다. 새로운 규칙을 배워야 한다면 모델을 다시 훈련해야 하겠죠. 하지만 GPT 같은 대규모 모델을 훈련하는 데는 시간과 비용이 많이 듭니다.

이럴 때 인컨텍스트 러닝in-context learning 해결책이 될 수 있습니다. 자원을 들여 모델을 다시 훈련하는 대신, 이미 훈련된 모델에게 새로운 규칙을 설명하는 것이죠. GPT는 실제로 사용자의 설명을 이해하고 의도대로 출력을 생성할 수 있습니다. 직접 확인해 볼까요?

## 인컨텍스트 러닝 알아보기

챗GPT는 인컨텍스트 러닝을 통해 문맥context에서 추가 정보를 학습하여 주어진 상황에 올바르게 적용합니다. 예를 들어, 챗GPT는 삼행시의 규칙을 모릅니다. 하지만 힌트를 주면 금방 따라 하죠.

확인해 볼까요? '지피티'라는 단어로 운을 띄우고 삼행시를 짓게 해 보았습니다.

'지피티'로 삼행시를 써 줘.

 푸른 하늘에 흰 구름이 뜬다

산과 강과 바다가 우리 앞에 펼쳐진다

지피티와 함께하면 세상이 더욱 아름답다

 '지피티'로 삼행시를 쓴다는 것은 각 행을 '지', '피', '티' 글자로 시작한다는 거야. 다시 작성해 봐.

 지능과 학습으로 인공지능이 부상하네

피드백과 개선으로 더욱 높이 날아오르네

티끌모아 태산, 데이터 모으며 세상을 변화시키네

---

처음에는 '지피티'라는 단어를 넣어 3행짜리 시를 지었습니다. 하지만 삼행시를 짓는 방법을 구체적으로 알려 주었더니 인공지능을 소재로 멋진 삼행시를 만들었네요. 저보다도 훨씬 나은데요?

▌ GPT-4는 따로 규칙을 가르쳐 주지 않아도 삼행시를 지을 수 있습니다.

챗GPT는 2021년 9월 이전의 데이터로 훈련되었기 때문에 최신 정보에 대해서는 올바르게 답할 수 없습니다. 하지만 역시 가르치면 곧잘 배웁니다.

이번에는 한국의 대통령이 누구인지 물어보겠습니다. 이 글을 쓰는 시점에서 한국의 대통령은 윤석열입니다. 하지만 그는 2022년 5월에 당선되었으므로, 챗GPT는 현재 한국의 대통령이 누구인지 모르고 있을 것입니다.

현재 한국의 대통령은 누구야?

 2021년 5월 10일부터 한국의 대통령은 문재인(Moon Jae-in) 대통령입니다.

역시 잘못 알고 있네요. 챗GPT가 알고 있는 정보를 교정하고, 대통령 순방에 대한 기사를 작성하게 해 보겠습니다.

 대통령 이름을 윤석열로 바꾸고 대통령이 해외 순방에 나섰다는 기사를 작성해 줘.

 한국 대통령 윤석열이 오늘 해외 순방을 시작했습니다. 윤 대통령은 이번 순방에서 몇몇 국가와의 경제 및 정치적인 협력 관련 논의를 진행할 예정입니다.

윤 대통령은 이번 순방을 통해 국제사회에서 한국의 존재감을 더욱 높이고, 한국의 역할을 더욱 중요하게 인식시킬 것으로 기대됩니다.

순방 일정은 약 1주일간이며, 윤 대통령은 순방 중 국내 정치 상황을 주시하며 필요한 조치를 취할 예정입니다.

챗GPT는 윤석열 대통령이 해외 순방을 시작했는지 알지 못합니다. 하지만 상황에 대한 정보를 추가로 제시하니 요청한 대로 기사를 작성하네요.

챗GPT가 뛰어난 작문가라는 것은 지금까지의 대화로 이미 검증되었습니다. 그럼 수학도 잘할까요? 수식에는 규칙성이 뚜렷하니, 규칙을 학습하기만 하면 문제를 해결할 수 있을지도 모릅니다.

## 수학 퀴즈

새로운 수학 기호를 정의하고 챗GPT에게 퀴즈를 내 보겠습니다. 퀴즈는 '#'을 나눗셈을 거듭 수행하는 기호로 새로 정의했습니다. 예를 들어, 8 # 2 = 8 ÷ 2 ÷ 2 = 2인 셈입니다. 챗GPT가 정답을 맞힐 수 있을까요?

---

 8 # 2은 8을 2로 두 번 나누는 것으로 정의하자. 즉 8 # 2 = 2야. 그럼 27 # 3은 얼마야?

 주어진 정의에 따라, 27 # 3은 27을 3으로 두 번 나누는 것입니다.

27을 3으로 나누면 9이 되고, 9을 다시 3으로 나누면 3이 됩니다. 따라서, 27 # 3 = 3입니다.

---

정확하게 맞혔습니다. 규칙을 알려 주고 예를 들어 설명했더니, 퀴즈의 답을 맞히고 연산 과정까지 완벽하게 증명하네요. 그렇다면 이번에는 규칙을 직접 알려 주지 않아도 스스로 파악할 수 있는지 시험해 보겠습니다.

연속된 숫자를 제시하고, 그 다음에 올 숫자를 맞히는 퀴즈입니다. 이전 숫자에 3을 곱하는 것이 규칙입니다. 나열된 숫자만으로 규칙을 눈치채고, 답을 맞힐 수 있을지 궁금하네요.

---

 다음과 같은 규칙이 있을 때 다음에 올 숫자는 뭐야?

2, 6, 18, 54

 주어진 수열에서 각 항은 이전 항에 3을 곱한 값을 갖는 등비수열입니다. 따라서 다음 숫자는 162이 됩니다.

1항: 2
2항: 2 x 3 = 6
3항: 6 x 3 = 18
4항: 18 x 3 = 54
5항: 54 x 3 = 162

---

챗GPT는 제시한 숫자가 등비수열인 것을 파악하고 다음에 올 숫자를 정확히 맞혔습니다. 또 수열의 각 항이 어떻게 계산되었는지 친절하게 알려 주기까지 하네요. 챗GPT는 문맥만으로 단순한 논리 구조 정도는 거뜬히 알아챕니다. 더 까다로운 퀴즈를 내 볼게요.

다음 제시할 숫자들 사이의 규칙은 꽤 복잡합니다. 홀수 번째 숫자는 10씩 감소하고, 짝수 번째 숫자는 5씩 증가하죠. 예를 들어, 다섯 개의 숫자 80, 10, 70, 15, 60이 순서대로 나열되어 있다면 규칙은 다음과 같이 성립합니다.

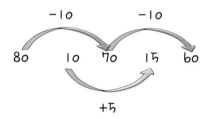

이 규칙에 따르면 60 다음에 올 숫자는 15에서 5만큼 더한 20입니다. 챗GPT가 답을 맞힐 수 있을까요?

---

 다음과 같은 숫자들이 나열되어 있을 때 다음 숫자는 뭘까?

80, 10, 70, 15, 60

 주어진 수열에서 각 항은 이전 항에서 10을 빼거나 50을 더한 값을 갖는 규칙이 있습니다. 따라서 다음 숫자는 5가 됩니다.

1항: 80
2항: 80 − 70 = 10
3항: 10 + 60 = 70
4항: 70 − 55 = 15
5항: 15 + 45 = 60
6항: 60 − 55 = 5

앗, 챗GPT가 엉뚱한 답을 내놓았습니다. 역시 챗GPT는 복잡한 수학 계산을 수행하지는 못하네요.

혹시 유료 버전인 챗GPT 플러스는 퀴즈를 풀 수 있을까요? 시도해 보았습니다.

---

 다음과 같은 숫자들이 나열되어 있을 때 다음 숫자는 뭘까?

80, 10, 70, 15, 60

---

 주어진 숫자들은 80에서 70씩 감소하고, 10에서 15씩 증가하는 규칙으로 번갈아가면서 나열되어 있습니다. 따라서 다음에 나올 숫자는 20입니다. (60에서 50을 빼면 10이 나오고, 15를 더하면 25가 되어 20이 됩니다.)

---

정답을 맞히긴 했는데, 계산 방식이 이상하네요. 특히 괄호 안의 설명은 이해하기 어렵습니다. 그래도 답을 맞히긴 했으니 챗GPT 플러스가 무료 챗GPT 보다는 똑똑하다고 해야 할까요? 글쎄요, 확실하게 하기 위해 한 번 더 시험해 봅시다. 다음은 수도 퀴즈입니다.


## 수도 퀴즈

챗GPT에게 국가와 도시의 쌍을 제시하고, 다음에 제시한 국가에 알맞은 쌍을 제시하라고 해 보겠습니다.

---

 다음과 같은 규칙이 있을 때 '네팔'에 대한 답은 뭘까?

대한민국: 서울

미국: 워싱턴

프랑스: 파리

---

주어진 규칙은 국가와 해당 국가의 수도를 연결한 것이므로, '네팔'에 대한 답은 주어지지 않았습니다.

저런, 주어진 텍스트의 쌍이 국가와 수도임을 알아챘음에도 네팔에 대한 답이 없다고 하네요. 참고로 네팔의 수도는 카트만두입니다. 이번에는 챗GPT 플러스에게 같은 질문을 해볼게요.

 다음과 같은 규칙이 있을 때 '네팔'에 대한 답은 뭘까?

대한민국: 서울
미국: 워싱턴
프랑스: 파리

 네팔: 카트만두

 규칙을 설명해 봐.

 앞서 제시한 규칙은 각 나라와 그 나라의 수도를 매칭한 것입니다. 이 규칙을 따르면 대한민국은 서울, 미국은 워싱턴, 프랑스는 파리와 같이 각 나라와 그 나라의 수도를 연결할 수 있습니다.

이번엔 정답을 맞혔습니다. 이것으로 미루어 보아 챗GPT 플러스가 무료 챗GPT보다는 성능이 조금 더 낫네요. 더 정확한 작업을 수행하고 싶다면 챗GPT 플러스 유료 결제를 고려해 볼 수 있겠습니다.

지금까지 여러분은 챗GPT로 다양한 작업을 시도하면서 GPT-3 모델을 접해 보았습니다. GPT-3는 자연어 처리 분야에서 혁신적인 발전을 이루며 우리 삶에 영향을 끼치고 있죠. 다음 절에서는 GPT를 탑재한 검색 엔진 빙Bing과 GPT-4에 대해 알아보겠습니다.

# 05

# 빙, GPT로
# 날개를 달다

마이크로소프트와 오픈AI는 2019년부터 협력 관계를 맺고 인공지능 기술을 개발하고 있습니다. 2023년 3월에는 마이크로소프트가 자사의 검색 엔진 빙Bing과 챗GPT를 연동해서, 이제 빙에서도 검색과 요약을 비롯한 다양한 작업을 손쉽게 수행할 수 있습니다.

한편, 빙은 GPT-3의 후속 버전인 GPT-4를 사용합니다. GPT-4는 더욱더 발전된 성능으로 우리가 상상하지 못했던 일들도 가능하게 해 줄 것입니다. 준비하세요, 흥미로운 가능성의 세계로 여행을 떠납니다!

## 새로운 빙으로 작업하기

마이크로소프트는 오픈AI와의 협력을 통해 검색 엔진 빙에 챗GPT를 탑재했습니다. 이번 절에서는 빙과 대화하며 웹 페이지와 PDF 파일을 요약하고, 필요한 정보를 검색해 볼 것입니다. 그리고 간단한 프롬프트를 입력해서 이미지도 생성해 볼 거예요.

2023년 5월, 마이크로소프트는 빙의 인공지능 기능을 업데이트하며 새로운 기능을 추가했습니다. 검색 엔진이 인공지능을 등에 업고 얼마나 강력해질지 궁금하지 않나요? 빙에 접속해서 직접 사용해 봅시다.

## 01 빙에 접속하세요.

빙에서 챗GPT를 사용하려면 마이크로소프트의 에지Edge 브라우저를 사용해야 합니다. 에지 브라우저에서 빙(bing.com)에 접속하고, [채팅]을 클릭하세요.

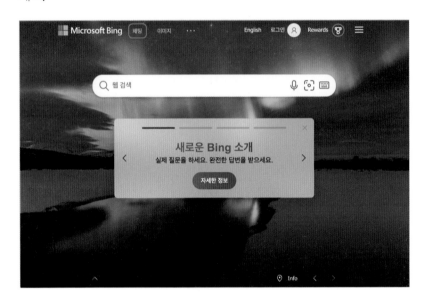

📖 에지 브라우저는 마이크로소프트 에지 홈페이지(https://www.microsoft.com/ko-kr/edge/download)에서 설치할 수 있습니다. 또한 에지 브라우저의 InPrivate 모드에서는 빙 AI를 사용할 수 없으니, 일반 모드로 빙에 접속하세요.

## 02 마이크로소프트 계정으로 로그인하세요.

다음 화면에서 [채팅 시작]을 클릭하고 마이크로소프트 계정으로 로그인하세요.

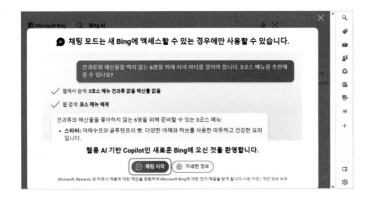

▌ 빙 AI와 채팅하기 위해서는 반드시 마이크로소프트 계정으로 로그인해야 합니다.

## 03 빙으로 돌아가세요.

다음 화면에서 [Bing으로 돌아가기]를 클릭하면 빙의 초기 화면으로 연결됩니다.

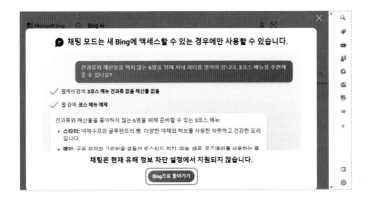

## 04 빙 AI와의 채팅을 준비하세요.

빙의 초기 화면에서 다시 [채팅]을 클릭하세요. 짠! 채팅 화면으로 연결됩니다. 화면의 구성을 간단히 살펴보겠습니다.

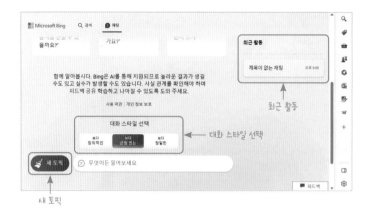

- **최근 활동**

  이전 대화를 리스트 형태로 기록합니다.

  상자에 마우스를 가져다 대면 창이 활성화되고,
  우측에 세 아이콘이 나타납니다.

  아이콘은 왼쪽부터 순서대로 대화 목록의 제목을 수정하고, 대화 목록을
  삭제하고, 대화를 공유하거나 내보내는 기능을 제공합니다.

- **대화 스타일 선택**

  [보다 창의적인], [보다 균형 있는], [보다
  정밀한] 중 하나의 스타일을 선택할 수 있
  습니다.

  [보다 창의적인]은 아이디어를 요하는 요청을 수행할 때, [보다 균형 있는]
  은 중립적이면서 객관적인 내용을 원할 때, [보다 정밀한]은 정확한 자료를
  조사해야 할 때 적합한 스타일입니다.

- **새 토픽**

  대화를 새로 시작합니다. 이전에 나눈 대화는 최근 활동에 기록됩니다.

성공적으로 준비를 마쳤다면 이제 본격적으로 빙을 사용해 보겠습니다. 하단의 텍스트 입력 상자에 질문을 작성하거나, 작업을 요청하면 빙이 친절하게 대답해 줄 겁니다.

## 빙으로 웹 페이지 요약하기

앞에서 챗GPT를 활용해 책 소개를 요약해 보았습니다. 빙 AI에서도 같은 작업을 수행할 수 있습니다.

빙이 챗GPT와 다른 점은 최신 정보에 대해 검색이 가능하다는 것입니다. 또 프롬프트를 직접 입력하는 대신 웹 페이지의 링크를 전달할 수 있다는 것이죠. 예를 들어 다음과 같은 뉴스를 요약해 달라고 해 보겠습니다.

다음 웹 페이지는 튀르키예에서 발생한 지진에 관한 기사로, 2023년 3월 6일에 게재되었습니다.

# Turkey's earthquake caused $34 billion in damage. It could cost Erdogan the election

By Abbas Al Lawati, CNN
Updated 11:28 AM EST, Mon March 6, 2023

Smoke billows from the Iskenderun Port as rescue workers work at the scene of a collapsed building on February 07, in Iskenderun, Turkey.

Editor's Note: *A version of this story first appeared in CNN's Meanwhile in the Middle East newsletter, a three-times-a-week look inside the region's biggest stories. Sign up here.*

**Abu Dhabi, UAE (CNN)** — The devastating earthquake that hit Turkey on February 6 killed at least 45,000 people, rendered millions homeless across almost a dozen cities and caused immediate damage estimated at $34 billion - or roughly 4% of the country's annual economic output, according to the World Bank.

튀르키예 지진으로 인한 피해 340억 달러에 달해. 에르도안 대통령 재선에 불리한 영향 미치나.

2월 7일 붕괴된 이스켄데룬 항구에서 연기가 피어오르는 모습.

구조 대원들이 현장 작업을 하고 있다.

빙 AI에 기사의 주소를 전달하고 내용을 한글로 요약해 달라고 해 보겠습니다.

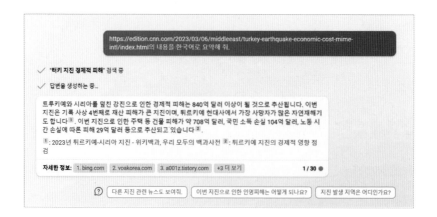

기사 내용을 잘 요약했을 뿐만 아니라 한글로 내용을 번역하여 제공하고 있네요. 이처럼 챗GPT가 2021년 9월 이후의 뉴스를 알지 못하는 것과 달리 빙은 최신 문서를 요약할 수 있습니다. 또한 하단에 '자세한 정보'로 글의 출처를 밝히고 있습니다. 한층 신뢰할 수 있겠어요.

▌빙 AI도 미리 수집하지 않은 웹 페이지는 처리하지 못합니다. 예컨대, 방금 생성된 웹 페이지는 요약하지 못합니다.

검색 엔진답게, 빙은 검색에 최적화되어 있습니다. 최근 업데이트를 통해 개선된 빙은 차트나 그래프 등 시각 자료를 동원하여 전문적인 응답도 할 수 있죠.

대화 스타일을 [보다 정밀한]으로 전환하고, 일주일 동안의 주가 변동 현황을 보여 달라고 요청하면 응답과 함께 그래프를 제시합니다.

그래프에 마우스를 가져다 대면 특정 시간대의 주가를 자세히 볼 수 있으며, 클릭하면 주가 현황을 볼 수 있는 웹 페이지로 이동합니다.

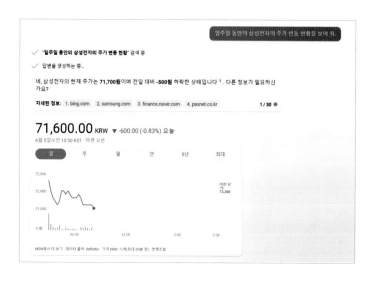

빙은 그래프 외에도 이미지나 동영상을 시각적으로 제공합니다. 더 많은 분야에서 AI를 활용할 수 있겠네요. 하지만 놀라기엔 아직 이릅니다. 인터넷에 이미 존재하는 정보를 탐색해서 보여주기만 하는 것이 아니라, 완전히 새로운 이미지를 만들 수도 있거든요!

## 빙으로 그림 그리기

[보다 창의적인] 또는 [보다 정밀한] 대화 스타일을 선택하면 채팅 창에서 이미지 생성이 가능합니다. 마이크로소프트가 오픈AI와 협력하며, 오픈AI의 이미지 생성 인공지능인 DALL · E를 빙과 연동했기 때문입니다.

▌ [보다 균형 있는] 스타일에서는 이미지를 생성할 수 없습니다.

[보다 창의적인]을 클릭해 스타일을 전환하고, 달에 사는 토끼 그림을 그려 달라고 요청해 보겠습니다. 잠시 기다리면 이미지가 생성됩니다.

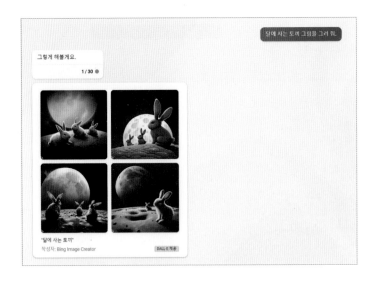

마음에 드는 이미지를 클릭하면 전체 화면에서 이미지를 볼 수 있습니다. 이미지 양옆의 화살표를 클릭하면 이전 또는 다음 이미지로 이동합니다.

[보다 정밀한] 스타일에서도 시도해 볼까요? 이번엔 백악기의 동물들을 그려달라고 요청해 보겠습니다. 역시 멋지게 해냅니다.

백악기(Mesozoic Era)의 동물들을 그려 줘.

네, 그려보겠습니다.

1 / 30

"백악기(Mesozoic Era)의 동물들"
작성자: Bing Image Creator

DALL·E 제공

**NOTE** 이미지 하단에는 이미지와 관련된 또 다른 요청을 제안합니다. '공룡을 그려줘'를 클릭하면, 맥락에 맞춰 백악기의 공룡을 그려 줍니다.

? 공룡을 그려줘  백악기의 식물들도 그려줘  백악기의 환경도 그려줘

지금은 빙에서 이미지를 생성했지만, 이어지는 5장에서는 본격적으로 여러 가지 이미지 생성 인공지능 서비스에서 프롬프트를 작성해 볼 것입니다. 프롬프트 작성 요령을 알면 더 멋진 이미지를 생성할 수 있습니다.

마이크로소프트 에지 브라우저는 빙 AI를 더 적극적으로 활용할 수 있는 환경을 제공합니다. 다음에는 채팅 창에서 벗어나, 에지 브라우저에서 곧장 웹 페이지를 요약해 볼 것입니다. 이어서 살펴보겠습니다.

## 에지 브라우저 사이드바에서 빙 AI 사용하기

최신 에지 브라우저는 도구 모음 오른쪽 끝에 Ⓑ 아이콘을 추가했습니다. 에지 브라우저에서 웹 페이지를 열고, Ⓑ 아이콘을 클릭하세요. 다음처럼 챗봇을 위한 사이드바가 열리고 자동으로 보고 있는 페이지를 요약해 줍니다. 사이드바에서도 마찬가지로 세 가지 대화 스타일 중 하나를 선택할 수 있습니다.

📎 **NOTE**  요약이 자동으로 생성되지 않았다면 사이드바 하단의 [페이지 테이크어웨이 생성]을 클릭하거나, 채팅 창의 텍스트 입력 상자에 '이 페이지를 요약해 줘'라고 입력하세요.

요약한 내용에 따라 후속 질문을 제안하기도 합니다. 질문 중 하나를 클릭할 수도 있고, 추가적으로 다른 질문을 할 수도 있습니다.

다음 그림처럼 웹 페이지 내용의 일부를 마우스로 드래그하면 사이드바에 자동으로 선택한 텍스트를 채팅에 보낼지 묻는 메시지가 나타납니다. [보내기]를 클릭하면 채팅 창에 선택한 메시지가 나타나고 이후에 수행할 작업을 묻습니다.

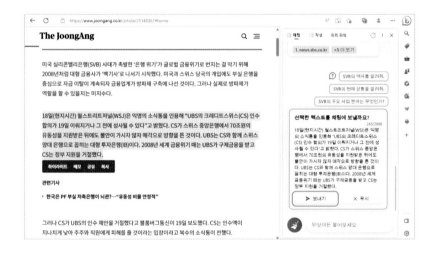

선택한 텍스트에 대해 수행할 수 있는 작업은 [설명하기], [수정하기], [요약하기], [늘리기]입니다. 각 버튼의 기능은 다음과 같습니다.

- 설명하기: 인터넷 검색 자료를 바탕으로 해당 텍스트를 더 자세히 설명해 줍니다.
- 수정하기: 문장을 고치거나 내용을 바로잡아 줍니다.
- 요약하기: 문단의 핵심 내용을 간추려 전달합니다.
- 늘리기: 문장의 내용을 더 풍부하게 만들어 줍니다.

다음은 [설명하기]를 클릭한 결과입니다.

사이드바 상단의 [작성]과 [미리 파악] 탭도 한번 살펴볼까요?

[작성] 탭에서는 각종 양식에 따른 글의 초안을 생성할 수 있습니다. 어버이날 부모님께 드릴 감사 편지를 작성해 보겠습니다. [작성 주제]를 입력하고, [톤]과 [형식], [길이]의 옵션을 선택하세요. 여기서는 '캐주얼'한 톤의 '전자 메일'을 작성 하겠습니다. [초안 생성]을 클릭하면 [미리 보기]에 글이 생성됩니다.

[미리 파악] 탭은 현재 웹 페이지와 연관된 다른 웹 페이지를 보여줍니다.

지금까지 빙에 연동된 챗GPT를 살펴보았습니다. 빙에서는 웹 페이지의 주소를 전달하는 것만으로 다양한 작업을 할 수 있었죠. 만일 PDF에 있는 정보라면 어떨까요? 빙은 PDF 파일도 분석할 수 있을까요?

## 빙으로 PDF 파일 요약하기

요약하고자 하는 정보가 PDF 파일에 있다면 챗GPT로는 번역이나 요약 등의 작업을 하기 어렵습니다. PDF 파일에 있는 텍스트를 일일이 복사하여 챗GPT에 전달하는 건 너무 번거로운 일이죠. 에지 브라우저와 빙 AI에서는 이런 어려움을 해결할 수 있습니다.

먼저, 가지고 있는 PDF 파일을 에지 브라우저에서 여세요. 다음처럼 파일 탐색기에서 파일을 선택한 후, 마우스 오른쪽 버튼을 클릭하고 [연결 프로그램] - [Microsoft Edge]를 클릭하면 됩니다.

📑 에지 브라우저 창에 PDF 파일을 드래그 앤 드롭(drag and drop)해도 됩니다.

그다음 에지 브라우저의 사이드바를 열고, 필요한 작업을 요청하면 됩니다. 참 쉽죠? 다음은 파일을 한국어로 요약해 달라고 요청한 결과입니다. 마찬가지로 내용에 대한 후속 질문도 제안합니다.

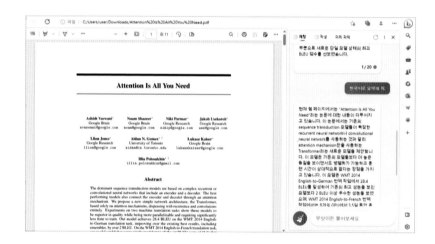

📑 이 PDF 파일은 이 책의 3장에서 소개한 구글의 『Attention Is All You Need』입니다.

후속 질문 중 하나를 클릭해 볼까요? 빙 AI는 응답을 생성하고, 출처를 밝힘으로써 신뢰도를 높입니다. 한편, PDF 파일에서 충분히 설명하지 않은 정보에 대해 물을 수도 있습니다. 이런 경우, 빙 AI는 다른 웹 페이지를 참조하여 새로운 질문에 대한 응답을 생성합니다.

마이크로소프트 빙은 GPT-4를 사용하고 있다고 공식적으로 밝혔습니다. 따라서 유료로 챗GPT 플러스를 구독하지 않아도, 빙 AI에서 GPT-4를 사용할수 있습니다. 이 글을 쓰는 시점에도 빙 AI는 새로운 기능을 추가하고 있습니다. 앞으로의 발전이 더욱 기대되네요.

빙 AI로도 PDF 파일을 요약하고, 번역할 수 있었지만 PDF 파일 분석에 특화된 다른 서비스도 있습니다. 이어서 체험해 봅시다.

## 챗PDF로 요약하기

챗PDFChatPDF 서비스도 PDF 파일을 업로드하면 자동으로 내용을 요약합니다. PDF의 내용에 대해 궁금한 점을 질문할 수도 있습니다. 빙 AI와 다른 점이라면, 검색 기능을 통해 PDF 파일을 탐색할 수도 있다는 것이죠.

그럼 사용 방법을 알아보겠습니다. 먼저 챗PDF(chatpdf.com)에 접속합니다.

PDF를 업로드하는 방법은 다음과 같습니다.

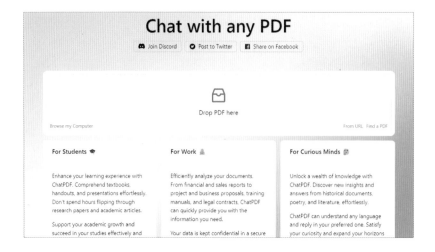

- Drop PDF here: PDF 파일을 드래그 앤 드롭합니다.

- Browse my Computer: 파일 탐색기에서 PDF 파일을 찾아 업로드합니다.

- From URL: 웹사이트에 있는 PDF 파일을 불러옵니다.

- Find a PDF: 인터넷에서 PDF 파일을 검색합니다.

여기서는 [Find a PDF]를 클릭해서 생성 AI에 대한 PDF를 찾아볼게요. 챗 PDF 역시 챗GPT를 사용하기 때문에 다양한 언어로 검색할 수 있습니다. 예를 들어, 검색창에 'generative ai'를 입력하고 검색하면 다음과 같이 PDF를 찾을 수 있습니다. 첫 번째 PDF를 선택해 보죠.

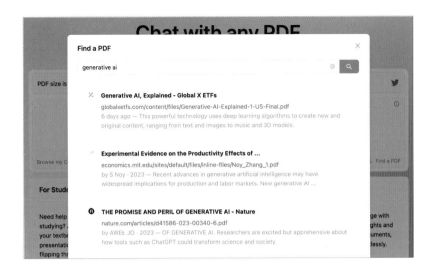

챗PDF가 파일을 로드하고 분석하면서 약간의 시간이 소요됩니다. 분석이 끝나면 다음과 같은 화면을 볼 수 있습니다.

챗PDF는 PDF의 내용을 분석해서 세 가지 질문 후보를 제시합니다. ▷ 아이콘을 클릭하면 질문에 대한 응답을 생성합니다.

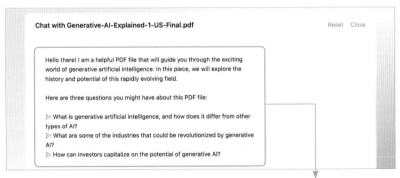

안녕하세요! 저는 당신을 흥미로운 생성형 인공지능의 세계로 안내할 유익한 PDF입니다. 이 글을 통해 우리는 빠르게 진화하는 이 분야의 역사와 잠재력을 살펴볼 수 있어요.

다음은 당신이 이 PDF를 읽고 나서 궁금해 할 법한 세 가지 질문입니다:

▷ 생성 인공지능은 무엇이고, 다른 AI와 어떻게 다른가요?
▷ 생성 AI로 인해 혁신이 일어날 산업은 무엇일까요?
▷ 투자자들은 생성 AI의 잠재력을 어떻게 활용할 수 있을까요?

선택한 PDF가 영어로 쓰여서 응답도 영어로 생성되었지만, 번역을 요청하면 같은 내용을 한국어로 보여 줍니다. 그럼 PDF의 내용을 요약해 달라고 해 보겠습니다. 한국어로 요청하면 한국어로 답합니다.

챗PDF도 챗GPT처럼 요약과 검색에 탁월합니다. 더 자세히 질문하면 PDF에서 확인할 수 있는 사실에 한해서 내용을 요약해 줍니다.

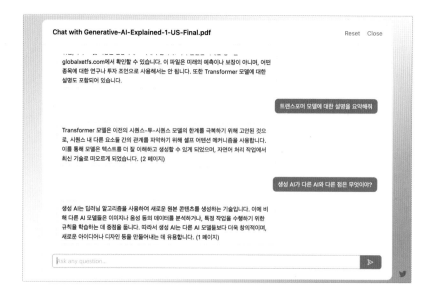

챗PDF는 120페이지 이하의 PDF 파일에 대해서는 무료로 서비스를 제공합니다. 그보다 더 긴 PDF를 분석 및 요약하고 싶다면 비용을 지불해야 하니 참고하세요.

이처럼 챗GPT의 쓰임새를 알아본 사람들이 벌써 챗GPT를 응용하여 많은 애플리케이션을 내놓았습니다. 앞으로도 굉장히 많은 애플리케이션이 등장할 것 같습니다. 벌써부터 기대되네요.

> **NOTE** 오픈AI는 챗GPT를 API로 제공합니다. 챗PDF와 같은 애플리케이션은 챗GPT의 API를 사용하여 만들어진 것이죠.
> 사용료는 토큰 1,000개 당 0.002달러입니다. 최근 출시된 GPT-4의 경우, 프롬프트에는 토큰 1,000개 당 0.03달러, 텍스트 완성에는 토큰 1,000개 당 0.06달러를 지불해야 합니다.

## 더 나아진 GPT-4

2023년 3월, 오픈AI는 GPT-4를 출시했습니다. GPT-3보다 성능이 개선되었지만, GPT-4 역시 여전히 2021년 9월까지의 데이터로만 학습되었습니다. 대신 데이터의 편향을 완화하고, 올바른 사실을 전달하도록 보완되었죠. 또 이전보다 언어 구사 능력이 향상되었습니다.

다음은 오픈AI가 발표한 GPT-4의 기술 보고서* 내용 중 일부입니다. 이 그래프에 따르면 GPT-4의 한국어 구사 능력은 77%로, GPT-3.5의 영어 구사 능력보다도 뛰어납니다. GPT-4의 영어 능력은 GPT-3.5에 비해 15%포인트나 개선되었죠.

오픈AI는 GPT-4의 기술 정보를 상당 부분 비공개하였습니다. 인공지능 분야의 연구자들이 그간 새로운 모델에 대한 구조와 코드, 훈련된 모델 파라미터까지 공개해 왔던 것과는 다른 행보죠. 하지만 향상된 언어 능력만으로도 GPT-4가 유의미한 발전을 이뤄 냈다는 것을 알 수 있습니다.

-----

* https://cdn.openai.com/papers/gpt-4.pdf

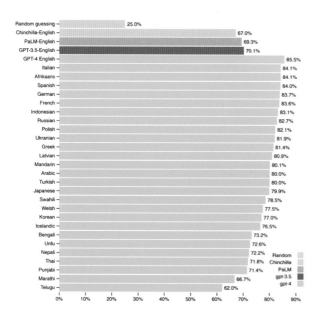

오픈AI가 공개하지 않은 GPT-4의 또 다른 능력이 바로 **멀티 모달리티**
multimodality입니다. 오픈AI는 오래 전부터 이미지와 텍스트 쌍을 매핑*하는
모델을 연구해 왔습니다. 이런 기술을 바탕으로 GPT-4는 **멀티 모달**multimodal
이 되었죠. 다시 말하면 GPT-4에는 텍스트뿐만 아니라 이미지도 입력할 수
있습니다.

다음은 GPT-4에 이미지를 입력한 예시 프롬프트입니다. 역시 오픈AI의 기
술 보고서에서 가져왔습니다.

---

\* 매핑(mapping): 하나의 값을 다른 값에 대응시키는 것

다음 이미지에서 이상한 점을 찾아 봐.

 남자가 택시 지붕에 매달린 다리미판에 옷을 다리고 있다는 것이 이 이미지의 이상한 점입니다.

이제는 텍스트가 아닌 다른 형태의 데이터에 대해서도 매우 정확하게 인지할 수 있겠군요. 비단 이미지에 국한되는 것이 아니라, 음성이나 영상으로도 멀티 모달리티를 확장할 수 있을 것입니다.

인공지능 분야는 점점 더 빠르게 발전합니다. 매일 새로운 소식이 생겨나죠. 벌써 딥러닝 기술은 이전에 본 적 없는 완전히 새롭고 창의적인 이미지를 생성하는 데 뛰어난 성능을 내기 시작했습니다.

다음 장에서 또 다른 흥미로운 인공지능 분야인 이미지 생성에 대해 알아보겠습니다. 자, 안전벨트를 꽉 매세요!

이미지 출처

1 https://www.barnorama.com/wp-content/uploads/2016/12/03-Confusing-Pictures.jpg

# 05

# 인공지능으로
# 그림 그리기

최근의 생성 AI는 멀티 모달로서 텍스트뿐만 아니라 이미지, 음성, 영상으로 미디어를 확장하고 있습니다. 특히 이미지 생성 인공지능은 결과물의 품질이 매우 훌륭해서 그 예술성과 창의성으로도 두각을 나타내고 있죠. 이번 장에서는 인공지능을 활용한 이미지 생성 모델의 구조를 알아보고 직접 재미있는 이미지를 생성해 보겠습니다. 시작해 볼게요.

# 01

# 말하는 대로 그려 주는
# 기술의 비밀

이미지 생성 모델은 최근 몇 년 동안 발전하여, 사람들이 생각하는 것보다 더욱 세밀하고 현실적인 이미지를 생성할 수 있게 되었습니다. 혁신적인 알고리즘을 구축하고, 대규모 데이터로 학습한 덕분이죠. 어떻게 그토록 정교한 이미지를 생성해 낼 수 있게 되었을까요? 재미있는 이미지를 만들어 보면서 그 원리와 방법에 대해 알아보겠습니다.

## 합성곱 오토인코더

**합성곱 신경망**Convolution Neural Network, CNN은 이미지 처리 분야에 탁월한 성능을 보입니다. 특히 이미지에 담긴 사물이 어떤 것인지 예측하는 작업, 즉 **이미지 분류**image classification에 뛰어나죠.

합성곱 신경망은 **합성곱 층**convolution layer과 **필터**filter를 사용하여 이미지의 특징을 스캔합니다. 합성곱 신경망의 구조를 그림으로 표현하면 다음과 같습니다. 합성곱 층은 이미지를 연산한 값을 담은 캔버스로, 필터는 캔버스 위의 이미지를 감지하는 도장으로 묘사했습니다. 필터가 입력 데이터 위를 마치 도장을 찍듯 움직이기 때문이죠.

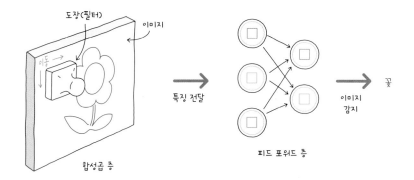

이 책의 2장에서 복잡한 연산을 수행하기 위해 인공 신경망의 뉴런을 여러 개 나열한 것을 층layer이라 한다고 했습니다. 합성곱 층은 이름 그대로 합성곱 연산을 수행하는 인공 신경망의 층입니다. 그리고 필터가 바로 뉴런에 해당하는 개념이죠.

일반적으로 이미지를 처리하려면 하나의 합성곱 층에 수십에서 수백 개의 필터가 필요합니다. 필터는 합성곱 층을 수직, 수평 방향으로 이동하며 이미지의 특징을 감지하죠. 그리고 유용한 정보를 **피드 포워드 층**feed forward layer에 전달합니다. 이 과정을 거치며 합성곱 신경망은 이미지에 담긴 사물이 무엇인지 예측하는데, 이미지 분류라 일컫는 작업이 이것입니다.

구글의 이미지 속 객체 탐지 기술

합성곱 신경망은 이미지 분류에 효과적이지만, 새로운 이미지를 생성하는 데는 널리 활용되지 못했습니다. 하지만 **오토인코더**autoencoder와 만나며 이미지 생성에도 본격적으로 쓰이기 시작했죠.

오토인코더는 단순히 말하면 입력 데이터를 복원하여 출력하는 신경망입니다. 흔히 입력 데이터를 재구성한다고 표현하는데, 입력과 출력이 동일하다니 언뜻 아무 소용 없는 작업같이 보입니다. 하지만 오토인코더는 신경망에 **병목 지점**을 만들어서 입력 데이터가 병목 지점을 통과하게 만들고, 병목 지점에 유용한 정보를 남김으로써 새로운 데이터를 생성합니다.

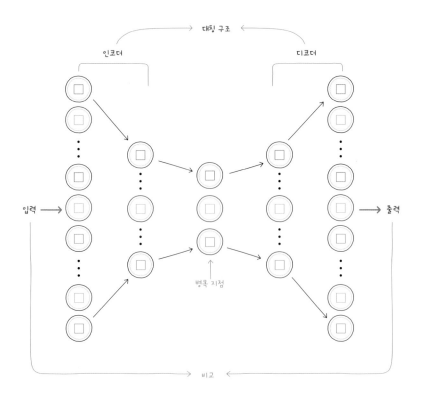

오토인코더는 병목 지점을 기준으로 인코더와 디코더가 대칭인 구조입니다. 인코더는 입력 데이터를 압축해 병목 지점을 통과시킵니다. 그리고 디코더는 병목 지점을 지나 온 데이터를 다시 원본 크기로 확장하죠. 그리고 디코더의 출력을 입력과 비교하여 얼마나 잘 복원했는지를 평가합니다.

오토인코더의 핵심은 병목 지점에 압축된 입력 데이터의 유용함입니다. 출력 데이터와 입력 데이터가 같으려면 이미지에서 유용한 특징을 압축해야 하기 때문입니다. 이 병목 지점을 **잠재 표현**latent representation 또는 **잠재 변수**latent variable라고 합니다.

인코더와 디코더로 합성곱 신경망을 사용한 오토인코더를 **합성곱 오토인코더**라고 합니다. 합성곱 오토인코더의 인코더는 일반적인 합성곱 층으로, 이미지의 특징을 찾아 유용한 정보로 압축합니다. 그리고 디코더가 원본 이미지를 복원하는데, 이때 사용되는 합성곱 층이 **전치 합성곱 층**transposed convolution layer입니다. 전치 합성곱 층은 일반적인 합성곱 층을 뒤집은 것으로, 합성곱 층의 기능을 역순으로 수행함으로써 압축된 정보를 확대하여 원본 이미지를 생성합니다.

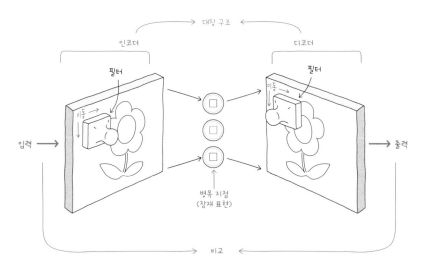

흥미로운 것은 훈련이 끝난 오토인코더에서 디코더만을 떼 내어, 입력 없이도 입력 데이터와 유사한 새로운 데이터를 생성할 수 있다는 점입니다. 입력을 재구성하기 위해 필요한 정보가 잠재 표현에 압축되어 남은 덕분이죠.

실제로 인공지능이 그리는 이미지는 훈련된 합성곱 오토인코더에서 디코더만을 사용해 생성됩니다. 임의의 잠재 표현으로부터 원본과 유사하지만 새로운 이미지를 출력하는 것입니다.

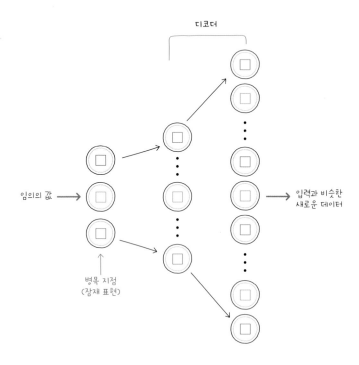

이와 같은 방식으로 오토인코더는 다음과 같은 이미지를 생성할 수 있습니다.

완벽하지는 않지만, 성공적이죠.

오토인코더는 이미지 생성으로 큰 관심을 받았지만, 오래 지속되지 못했습니다. 곧이어 성능이 더 뛰어난 신경망이 등장했기 때문이죠. 바로 생성적 적대 신경망입니다.

## 생성적 적대 신경망

**생성적 적대 신경망**Generative Adversarial Network, GAN은 생성자와 판별자가 서로 경쟁하며 훈련하는 독특한 구조입니다. **생성자**generator가 전치 합성곱 층을 사용하여 이미지를 생성하고, **판별자**discriminator는 합성곱 층을 사용하여 원본 이미지와 생성된 이미지를 구별합니다. 핵심은 원본과 구별할 수 없을 정도로 정교한 이미지를 생성하는 것이죠.

먼저 생성자가 무작위 데이터를 입력으로 받아 가짜 이미지를 생성합니다. 이 이미지를 원본 이미지와 함께 판별자에게 전달하고, 진짜 이미지와 생성자가 만든 가짜 이미지를 구별할 수 있도록 훈련합니다. 판별자의 훈련 목표는 생성자가 만든 가짜 이미지에 속지 않는 것이죠. 판별자는 진짜 이미지와 가짜 이미지를 구별하고, 그 둘이 얼마나 다른지 점수를 매깁니다.

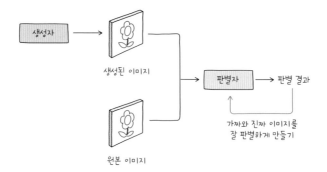

생성된 이미지

판별자

판별 결과

원본 이미지

가짜와 진짜 이미지를
잘 판별하게 만들기

생성자의 훈련 목표는 진짜 이미지와 구별할 수 없을 정도로 정교한 이미지를 생성하여 판별자를 속이는 것입니다. 처음에는 거의 형체를 알아볼 수 없을 정도로 엉망인 이미지를 생성하겠지만, 점차 이미지의 품질을 개선합니다.

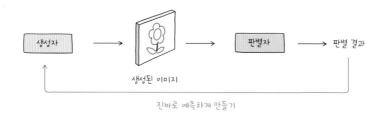

생성된 이미지

진짜로 예측하게 만들기

생성자는 판별자를 속이기 위해 더욱 정교한 이미지를 생성하고, 판별자는 속지 않기 위해 진짜 이미지와 가짜 이미지를 구별해 내야 합니다. 따라서 훈련을 통해 생성자와 판별자의 성능은 경쟁적으로 향상됩니다.

충분한 훈련을 거친 후, 신경망에서 생성자만을 떼 내면 이미지 생성에 활용할 수 있습니다. 생성적 적대 신경망을 사용한 모델이 생성한 이미지는 품질이 매우 뛰어날 뿐만 아니라, 원본에 없는 다양한 이미지를 생성해 내기도 합니다. 이를 통해 특정 스타일이나 속성을 띠는 이미지를 생성할 수 있어 다양한 응용 분야에 활용됩니다.

다음은 생성적 적대 신경망의 최신 모델 중 하나인 StyleGAN*으로 만든 이미지입니다. 두 사람은 모두 실존하지 않는 가상의 인물입니다.

이 그림은 「StyleGAN」의 저자인 테로 카라스(Tero Karras)의 동의를 구하고 가져왔습니다.

생성적 적대 모델은 뛰어난 이미지 생성 능력으로 큰 인기를 얻었습니다. 하지만 생성자와 판별자를 균형적으로 경쟁시켜야 하므로 훈련 과정이 까다롭다는 단점이 있죠. 생성자가 너무 우세하면 판별자의 훈련이 잘 이루어지지 않고, 반대로 판별자가 너무 우수하면 생성자의 훈련 경로가 제한되기 때문입니다.

그러던 중 디퓨전 모델이 부상하며 이미지 생성 분야에 혁명이 일어나기 시작했습니다. 현재 이미지 생성 분야에서 가장 뛰어난 성능을 발휘하는 디퓨전 모델에 대해 알아보겠습니다.

## 디퓨전 모델과 DALL· E2

**디퓨전**diffusion 모델은 생성적 적대 신경망보다 훈련 과정이 안정적이고 비교적

---

\* StyleGAN(Style Generative Adversarial Network): 엔비디아(NVIDIA)의 연구팀이 개발한 이미지 생성을 위한 생성적 적대 신경망(GAN) 모델.

구현이 쉽습니다. 최근 몇 년 사이, 품질 면에서도 생성적 적대 신경망을 뛰어넘으며 이미지 생성 분야의 판도를 완전히 바꿔 놓았죠.

▌ 영단어 diffusion은 확산이라는 뜻으로, 액체나 기체에 다른 물질이 섞여서 점차 번져 가는 현상을 의미합니다. 디퓨전 모델을 확산 모델이라고 부르기도 합니다.

디퓨전 모델의 훈련 목표는 이미지에 섞인 **잡음**noise을 예측하고, 잡음을 제거해서 원본 이미지를 복원하는 것입니다. 먼저 원본 이미지에 잡음을 섞습니다. 마치 사진에 마구 낙서를 하는 것처럼 원본 이미지의 세부 사항을 알아볼 수 없게 만드는 것입니다. 디퓨전 모델은 이렇게 잡음이 섞인 이미지를 입력으로 받습니다. 모델이 잡음 섞인 이미지에서 원본과 더 가까운 결과물을 생성할수록 성공적인 훈련이라고 할 수 있죠.

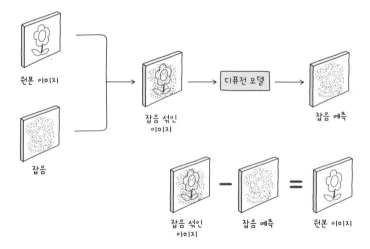

이제 훈련이 끝난 디퓨전 모델에 임의의 잡음을 입력합니다. 디퓨전 모델은 입력 이미지에서 잡음의 패턴을 예측합니다. 그리고 잡음을 점진적으로 제거하면 학습에 사용한 이미지가 아닌 완전히 새로운 이미지를 만들 수 있습니다.

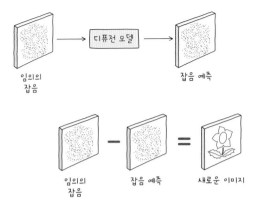

다음은 디퓨전 모델로 생성한 이미지입니다.

잡음을 제거하면 멋진 이미지가 나타납니다.

2021년, 오픈AI는 텍스트로부터 이미지를 생성하는 인공지능 DALL·E를 공개했습니다. 당시에도 이목을 끌었지만, 1년 뒤인 2022년 공개된 DALL·E2가 디퓨전 모델을 사용하자 다른 이미지 생성 모델들도 앞다투어 디퓨전을 채택하기 시작했습니다. DALL·E2의 동작 방식을 살펴보겠습니다.

DALL·E2는 텍스트 인코더와 **프라이어**prior, 그리고 디코더로 구성됩니다. 먼저, 텍스트 인코더는 프롬프트를 입력받아 텍스트 임베딩을 생성하고, 텍스트 임베딩은 프라이어의 입력으로 사용되어 이미지 임베딩을 생성합니다. 마지막으로, 디코더 모델이 임베딩으로부터 실제 이미지를 생성합니다.

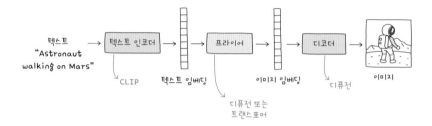

DALL · E2의 텍스트 인코더는 오픈AI가 개발한 또 다른 신경망 모델인 **CLIP**Contrastive Language-Image Pre-training을 사용합니다. CLIP은 이미지와 이미지를 설명하는 텍스트를 쌍으로 연결하도록 훈련한 모델입니다. 이미지와 텍스트를 각각 임베딩으로 변환한 후 이미지 임베딩에 가까운 텍스트 임베딩을 찾거나 그 반대의 작업을 수행합니다.

▌ 하나의 단어에 대한 임베딩이 아닌 입력 전체에 대한 임베딩을 생성합니다.

프라이어는 디퓨전 또는 트랜스포머를 사용합니다. CLIP의 이미지와 텍스트 임베딩 쌍을 사용하여 훈련한 다음, 텍스트 임베딩을 이미지 임베딩으로 변환하는 역할이죠.

마지막으로 디코더가 디퓨전 모델을 사용하여 이미지 임베딩으로부터 이미지를 생성합니다.

오픈AI의 DALL · E2가 이미지를 생성하는 원리에 대해 살펴보았습니다. 디퓨전은 생성적 적대 신경망보다는 안정적인 모델이지만, 종종 잡음을 완전히 제거하지 못해서 불완전한 이미지를 생성하기도 합니다. 이러한 문제를 해결하고 모델을 더 안정적으로 보완한 최신 디퓨전 모델의 작동 방식을 알아보고, 직접 이미지를 생성해 보겠습니다.

## 스테이블 디퓨전 모델

2022년, 스태빌리티 AIStability AI는 디퓨전을 개선한 모델인 **스테이블 디퓨전** stable diffusion을 발표했습니다. 훈련 과정이 안정화되고, 속도도 디퓨전에 비해 크게 향상되었죠. 잡음을 완전히 제거하지 못했던 기존의 문제도 스테이블 디퓨전에서는 오토인코더를 활용하여 해결했습니다.

스테이블 디퓨전은 마치 디퓨전 모델을 오토인코더로 감싸 놓은 듯한 구조입니다. 이를 바꾸어 말하면 디퓨전 과정이 전체 이미지를 대상으로 수행되는 것이 아니라 오토인코더가 만든 잠재 표현에서 수행된다는 것입니다.

먼저 오토인코더의 인코더가 원본 이미지를 잠재 표현으로 압축합니다. 그다음 디퓨전 모델이 잠재 표현에 잡음을 추가하고, 잡음이 섞인 잠재 표현으로부터 잡음을 제거하며 훈련합니다. 이 과정에서 CLIP이 생성한 텍스트 임베딩이 오토인코더의 인코더에 입력으로 전달됩니다. 디퓨전 모델이 잠재 표현에서 잡음을 제거하면, 오토인코더의 디코더를 통해 새로운 이미지를 생성할 수 있습니다.

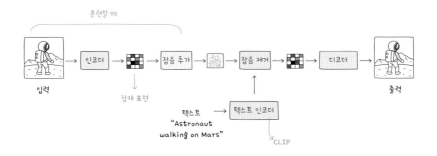

이러한 이미지 생성 훈련을 거치면, 스테이블 디퓨전은 임의의 잡음과 텍스트 임베딩만으로 새로운 이미지를 생성할 수 있습니다. 디퓨전 모델이 잡음을 제거하고 오토인코더의 디코더가 이미지를 완성하는 것이죠.

이 글을 쓰는 시점에서 가장 유명한 이미지 생성 인공지능인 미드저니가 스테이블 디퓨전 모델을 사용합니다. 스테이블 디퓨전은 오픈 소스입니다. 개발에 필요한 소스 코드를 누구나 열람할 수 있으며, 덕분에 스테이블 디퓨전을 기반으로 하는 이미지 생성 인공지능이 계속 생겨나고 있습니다.

이미지 생성 모델을 사용하는 서비스가 생겨날수록 이미지 생성 인공지능은 더욱 발전하고 정교해질 것입니다. 이러한 발전이 우리의 상상력을 한 단계 더 발전시키고, 혁신적인 아이디어를 실현할 수 있게 해 줄 거예요. 이제 새로운 경험과 기회의 세계로 한 발 다가가 보겠습니다.

# 02

# 이미지 생성
# 전문가처럼 시작하기

이전에는 이미지를 생성하려면 사진 촬영이나 그래픽 디자인에 대한 전문적인 지식과 기술이 필요했습니다. 하지만 인공지능이 이미지 생성에 뛰어들면서 일반인도 전문가에 상당하는 수준의 고품질 이미지를 생성할 수 있게 되었죠. DALL·E2와 미드저니, 스테이블 디퓨전이 우리의 러닝메이트입니다. 함께 시작해 보겠습니다.

## DALL·E2

앞서 DALL·E2의 구조와 이미지 생성의 원리를 살펴보았습니다. 이론을 배웠으니 이제 실습해 볼 차례입니다. 재미있을 거예요.

### DALL·E2 사용법 익히기

DALL·E2의 사용법은 아주 간단합니다. 챗GPT 계정이 있다면 새로 회원 가입하지 않고도 DALL·E2에 로그인할 수 있다는 것도 장점이죠. 그럼 본격적으로 DALL·E2를 사용해 이미지를 생성하고 변형해 볼게요.

## 01  DALL· E2에 접속하세요.

DALL · E2(https://labs.openai.com/)에 접속하면 다음과 같은 화면을 볼 수 있습니다. 텍스트 입력 상자에 영어로 원하는 이미지의 특징을 묘사하는 프롬프트를 작성하고 [Generate]를 클릭하면 이미지가 생성됩니다.

또, 그 위에 있는 [Surprise me]를 클릭하면 DALL · E2가 자동으로 재미있는 프롬프트를 작성하고 이미지를 생성합니다. 한번 클릭해 봅시다.

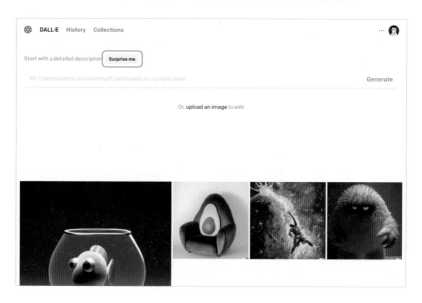

▌ 지금부터 사용할 이미지 생성 AI는 모두 영어로 프롬프트를 제시해야 합니다. 영어에 자신이 없어도 걱정하지 마세요. 챗GPT에게 번역해 달라고 요청하면 됩니다.

## 02 [Surprise me]로 이미지를 생성하세요.

입력 상자에 프롬프트가 생성되었다면, [Generate]를 클릭하세요. 이미지를 생성하는 동안 프롬프트 작성 팁과 예시 프롬프트를 보여 줍니다.

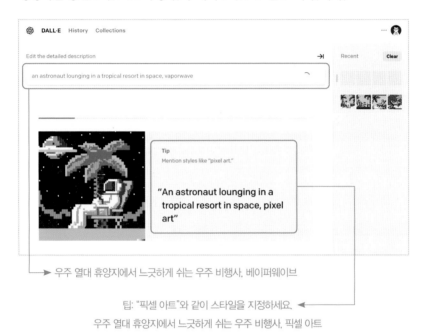

➤ 우주 열대 휴양지에서 느긋하게 쉬는 우주 비행사, 베이퍼웨이브

팁: "픽셀 아트"와 같이 스타일을 지정하세요. ◄
우주 열대 휴양지에서 느긋하게 쉬는 우주 비행사, 픽셀 아트

▌ DALL · E2는 첫 달에 50장, 이후에는 매달 15장씩 무료로 이미지를 생성할 수 있습니다. 유료로 서비스를 구독할 경우 15달러에 115장의 이미지를 생성할 수 있습니다.

## 03 이미지를 변형하고 저장하세요.

잠시 기다리면, 짠! 프롬프트에 묘사된 것처럼 휴양지에 있는 우주 비행사를 다양한 스타일로 생성했습니다. 이 중 마음에 드는 이미지 하나를 클릭하세요.

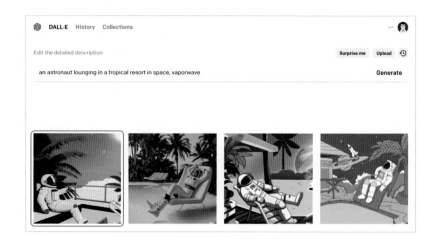

이미지 우측 상단의 ↓ 아이콘을 클릭하면 이미지를 다운로드할 수 있습니다.
이미지를 변형하고 싶다면 [Variations]를 클릭하세요.

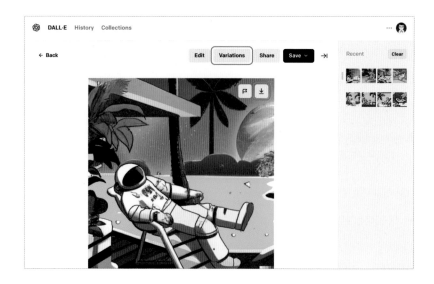

📖 키보드의 ◁, ▷ 키로 이전/다음 이미지를 볼 수 있습니다.

선택한 이미지와 비슷한 스타일을 네 개 더 생성합니다. 생성된 이미지를 ORIGINAL과 비교해 보세요. 자줏빛 하늘이 민트색 바다와 맞닿아 있고, 우주 비행사가 선베드에 누워 느긋하게 휴식을 취하고 있네요. 전반적인 소재와 스타일은 비슷하지만 디테일이 조금씩 다릅니다. 이런 식으로 원하는 이미지를 얻을 때까지 [Variations]를 사용하여 ORIGINAL을 변형할 수 있습니다.

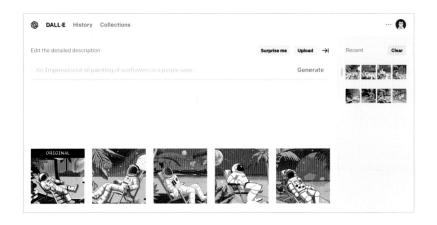

📎 **NOTE**  오른쪽 사이드바에는 과거에 생성된 이미지 이력이 저장됩니다. ↦ 아이콘을 클릭하면 사이드바가 닫히고, ⟲ 아이콘으로 변경됩니다. 사이드바를 다시 열고 싶다면 ⟲ 아이콘을 클릭하세요

이제 DALL · E2의 기본적인 사용법을 익혔을 것입니다. 그렇다면 이번에는 직접 프롬프트를 작성해 보겠습니다.

### 프롬프트 작성 팁

프롬프트를 쓸 때는 자유롭게 원하는 이미지를 묘사하면 됩니다. 완결된 문장도, 띄엄띄엄 떨어진 키워드도 괜찮습니다. 이처럼 프롬프트에 정해진 규칙은 없지만, 기본적으로 그리고자 하는 소재를 모두 언급하는 것이 좋습니다. 예를

들어, 단순히 '고양이'라고 쓸 것이 아니라 '선글라스를 쓴 고양이가 발코니에서 낮잠을 자고 있다.'는 식으로 배경이나 차림새, 행위를 구체적으로 지정하는 것이죠.

'on the road(길에 있는)'와 같이 사물의 위치나 장소를 지정할 수도 있고, 'Van Gogh style(반 고흐 스타일)'처럼 유명 화가의 화풍을 모방하도록 지시할 수도 있습니다. 'with its tongue out(혀를 내밀고 있는)'처럼 특정 포즈나 행동을 구체적으로 묘사해도 좋습니다. 프롬프트가 명확할수록 원하는 이미지를 더 쉽게 얻을 수 있을 것입니다.

DALL · E2는 이미지를 생성하는 동안 프롬프트 작성 팁을 알려 줍니다. 이를 활용하면 더 다양한 시도를 할 수 있을 거예요. 몇 가지를 소개하겠습니다.

| 프롬프트 | 기능 |
| --- | --- |
| A 3D render of… | 3D 렌더링된 이미지를 얻을 수 있습니다. |
| A pencil drawing of … | 연필로 그린 듯한 이미지를 얻을 수 있습니다. |
| A watercolor drawing of … | 수채화 같은 이미지를 얻을 수 있습니다. |
| An oil painting of … | 유화로 그린 듯한 이미지를 얻을 수 있습니다. |
| A stained glass window depicting … | 스테인드 글라스에 그린 듯한 이미지를 얻을 수 있습니다. |
| digital art | 높은 품질의 이미지를 얻을 수 있습니다. |
| cyberpunk | 공상 과학 만화 같은 화풍의 이미지를 얻을 수 있습니다. |
| dark/light | 이미지의 밝기를 조절할 수 있습니다. |

DALL · E2가 알려 주는 프롬프트 팁을 기억해 두었다가, 재미있는 이미지를 생성해 보세요. 상상에만 그쳤던 아이디어를 손쉽게 실현할 수 있습니다. 예컨대, 르누아르의 명화를 패러디한 이미지를 생성해 보겠습니다. 르누아르의 화풍을 모방하여 새로운 이미지를 그려 줍니다.

"Bal du moulin de la Galette for teddy bears" by Auguste Renoir

오귀스트 르누아르의 "테디 베어를 위한 물랭 드 라 갈레트의 무도회"

**나만의 컬렉션 만들기**

DALL · E2에는 생성한 이미지를 저장하고 공유할 수 있는 컬렉션Collections
메뉴가 있습니다. 이번에는 슬퍼하는 소녀의 이미지를 생성하고 컬렉션에 저
장해 봅시다.

**01 프롬프트를 입력하고, 이미지를 선택하세요.**

다음과 같이 프롬프트를 작성하고, [Generate]를 클릭합니다. 슬퍼하는 젊은
여성의 사진이 네 장 생깁니다. 원하는 이미지를 클릭하세요.

 a desperate young girl, utterly despressive, drowns in sorrow

절망에 빠진 소녀, 극도로 우울한, 슬픔에 잠겨 있음

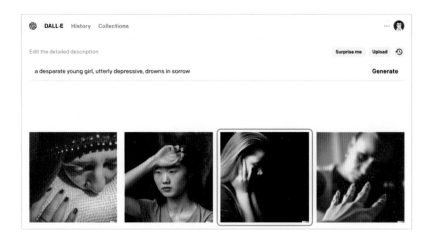

## 02 새로운 컬렉션을 만드세요.

원하는 이미지가 선택되었다면 [Save]를 클릭하세요. [Save to collection]을 선택하면 컬렉션collection에 이미지를 저장할 수 있습니다. [Favorites]를 선택하면 컬렉션에 비공개로 저장됩니다. 여기서는 [Create collection]을 클릭하여 새로운 컬렉션을 만들어 저장해 보겠습니다.

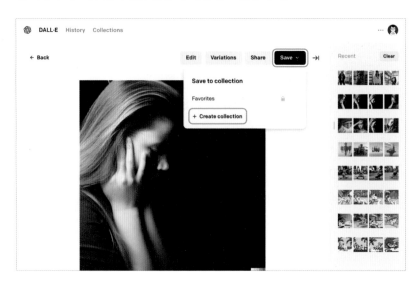

## 03 컬렉션의 제목을 입력하세요.

[Name]에 새로 만들 컬렉션의 제목을 입력하고, [Create collection]을 클릭합니다. 그 아래 [Make this collection private] 토글을 활성화하면 컬렉션이 비공개로 전환됩니다. 모든 컬렉션은 화면 좌측 상단의 [Collections] 메뉴에서 볼 수 있습니다.

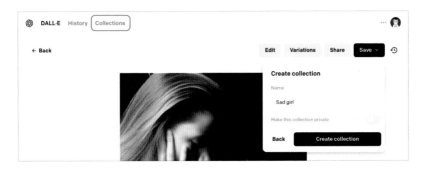

## 04 컬렉션을 공유하세요.

[Collections] 메뉴에서 원하는 컬렉션을 선택하고, 우측 상단의 [Share]를 클릭하면 다른 사람에게 공유할 수 있는 공개 웹 주소를 생성할 수 있습니다.

### 이미지 배경 확장하기

DALL·E2는 이미지를 연장하거나, 일부를 오려내고 다른 이미지를 채우는 등의 편집edit 작업을 할 수 있습니다. 여기서는 이미지의 배경을 확장해 보겠습니다. 따라 하며 시작해 볼게요.

### 01 [Edit]을 클릭하세요.

DALL·E2에서 생성한 이미지 중 수정하고 싶은 이미지를 선택하고, 상단의 [Edit]을 클릭하세요. 이미지를 편집할 수 있는 창으로 이동합니다.

📖 이 이미지는 [Surprise me]로 생성한 것입니다.

### 02 이미지에 프레임을 추가하세요.

이미지에 파란색 사각형이 겹쳐 있는 것이 보일 것입니다. 이와 같은 사각형을 프레임frame이라고 합니다. 편집 창의 프롬프트 입력 상자에 프롬프트를 입력하면 프레임 내부에 새로운 이미지가 생성됩니다.

먼저 이미지의 배경을 확장하기 위해 ⬆ 아이콘을 클릭하여 화면에 프레임을 추가합니다.

## 03 프레임 위치를 조정하세요.

다음 화면처럼 프레임을 이미지와 약간 겹쳐 둡니다. 격자 무늬가 있는 공간에 새로운 이미지가 생기며 배경이 확장될 것입니다. 이를 고려해서 적당한 위치에 프레임을 위치시키고, 클릭하여 고정하세요.

이제 프롬프트를 입력하면 그에 상응하는 이미지가 프레임 내부에 생성될 것입니다. 화면 상단 입력 상자에 프롬프트를 입력하고, [Generate]를 클릭합니다.

an astronaut playing basketball with cats in space, digital art

우주에서 고양이와 농구를 하는 우주 비행사

## 04 이 과정을 반복하세요.

잠시 기다리면 이미지와 연결되는 배경이 생성됩니다. 이와 같은 과정을 여러 번 반복하면 계속해서 이미지를 확장할 수 있습니다.

중요한 것은 프레임이 기존 이미지와 약간 겹쳐 있어야 한다는 것입니다. 그래야 자연스럽게 이어지는 이미지를 생성할 수 있습니다.

## 이미지 수정하기

DALL · E2의 편집 기능은 다양하게 활용할 수 있습니다. 반드시 DALL · E2
에서 생성한 이미지가 아니어도 괜찮죠. 이번에는 외부의 이미지를 불러와서
편집해 보겠습니다.

지금부터 해 볼 것은 이미지의 일부를 지우고, 지워진 부분에 새로운 이미지
를 덧그리는 작업입니다. 예컨대, 폭신한 팔걸이 의자 이미지를 불러와서 그
위에 복실복실한 토끼를 덧그려 볼게요.

### 01 새로운 이미지를 업로드하세요.

DALL · E2의 초기 화면에서 프롬프트 입력 상자 아래의 [Or, upload an
image to edit] 또는 [Upload an image]를 클릭합니다. 그리고 파일 탐색
기에서 수정하고자 하는 이미지를 찾아 업로드하세요.

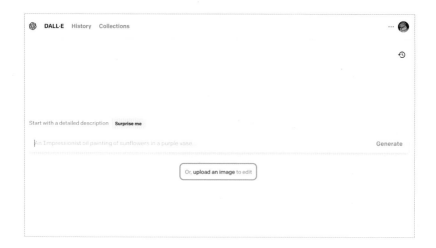

## 02 이미지를 오리세요.

DALL · E2에서 이미지를 편집하려면 이미지의 가로와 세로 비율이 일대일이어야 합니다. 팝업 창에서 사각형의 위치와 크기를 조정해 이미지를 정사각형 비율로 오려낸 뒤 [Crop]을 클릭합니다. 그리고 이어지는 창에서 [Edit image]를 클릭하세요. DALL · E2의 편집 공간으로 이동합니다.

### 03 이미지를 지우세요.

하단의 ◇ 아이콘을 클릭하고, 이미지의 일부분을 지워 볼게요. 지워진 부분에 토끼를 새로 그려서, 의자 위에 토끼가 앉아 있는 모습으로 편집할 것입니다. 이때 중요한 것은 프레임의 위치입니다. DALL·E2는 프레임 내부에 이미지를 생성하므로, 반드시 지워진 부분이 프레임 안에 있어야 합니다.

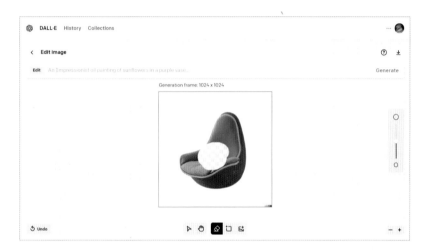

▌ 만일 지워진 부분이 프레임 밖에 있다면, ⛶ 아이콘을 클릭해서 이미지의 빈 공간이 사각형 내부에 위치하게 조정합니다.

### 04 프롬프트를 작성하세요.

이제 지워진 공간에 채워 넣을 이미지를 프롬프트로 전달하겠습니다. 여기서는 이미지에 토끼를 추가해 보겠습니다. 화면 상단의 입력 상자에 프롬프트를 작성하고, [Generate]를 클릭합니다.

A rabbit sitting on the armchair

팔걸이 의자에 앉아 있는 토끼

잠시 기다리면 지워진 부분에 토끼 이미지가 생성됩니다. 짠! 귀여운 토끼가 이미지에 추가되었습니다.

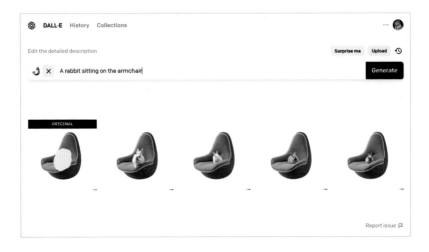

DALL · E2는 공개 직후부터 수준 높은 이미지로 화제가 되었습니다. 또 사용법이 간단해서 대중에게 널리 쓰이며 사랑받고 있죠.

한편, 알아 두어야 할 주의 사항도 있습니다. DALL · E2는 한 이미지에 여러 소재를 그릴 수 있지만, '잘' 그릴 수 있는 건 최대 세 개까지입니다. 말하자면, 한 이미지에 고양이 세 마리를 그리는 건 훌륭히 해내지만 고양이를 열두 마리 그려 달라고 요청한다면 정확히 열두 마리의 고양이를 잘 그려 내지는 못한다는 뜻입니다.

다음 이어지는 두 이미지 중 왼쪽은 선글라스를 쓴 고양이 세 마리를, 오른쪽은 열두 마리를 그려 달라는 프롬프트로 생성되었습니다. 왼쪽 이미지는 정확히 고양이 세 마리가 잘 생성되었죠. 반면, 오른쪽 이미지는 프롬프트에 충실하지 못합니다. 고양이가 일곱(?) 마리뿐이고, 선글라스가 이상한 위치에 씌어 있기도 하네요.

그렇지만 여전히 귀엽습니다.

다음에 살펴볼 이미지 생성 인공지능은 품질과 속도라는 두 마리 토끼를 모두 놓치지 않는 야무짐을 선보입니다. 스테이블 디퓨전으로 이미지를 생성해 보죠.

## 스테이블 디퓨전

스테이블 디퓨전은 오픈 소스이므로 여러 방법으로 사용할 수 있습니다. 이 책에서는 스테이블 디퓨전 온라인과 허깅페이스에서 이미지를 생성해 보겠습니다.

### 스테이블 디퓨전 온라인 사용법 익히기

스테이블 디퓨전 온라인의 사용법은 이 책에서 소개할 이미지 생성 인공지능 중 가장 쉽고 간단합니다. 게다가 무료이고, 무료임에도 불구하고 품질은 결코 떨어지지 않습니다. 회원 가입이나 로그인도 필요 없죠. 바로 시작할게요.

**01** 스테이블 디퓨전 온라인에 접속합니다.

웹 브라우저에서 스테이블 디퓨전 온라인(https://stablediffusionweb. com/)에 접속하세요. 플레이 그라운드로 이동하기 위해 화면 상단의 [Playground] 또는 중앙의 [Get Started for Free]를 클릭합니다.

**02** 프롬프트를 입력하세요.

다음과 같이 프롬프트 입력 상자가 있는 화면으로 전환되면 프롬프트를 작성하고 [Generate image]를 클릭하세요. 원하는 이미지를 자세히 묘사하면 됩니다. 여기서는 파리의 가을 정취를 담은 이미지를 생성해 보겠습니다.

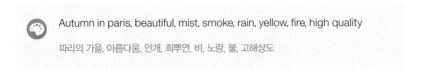

Autumn in paris, beautiful, mist, smoke, rain, yellow, fire, high quality

파리의 가을, 아름다움, 안개, 희뿌연, 비, 노랑, 불, 고해상도

### Stable Diffusion Playground

Just enter your prompt and click the generate button.
No code required to generate your image!

Due to the large number of users, the server may experience problems. If you encounter an error, please try again.

Autumn in paris, beautiful, mist, smoke, rain, yellow, fire, high quality|

**Generate image**

➤ 사용자의 수가 많으면 서버에 문제가 생기기도 합니다. 그럴 땐 다시 시도하세요.

## 03 이미지가 생성됩니다.

잠시 기다리면 프롬프트에서 요청한 대로 비가 내리는 파리의 가을 풍경을 담은 이미지가 생성됩니다. 'yellow(노랑)' 키워드 때문인지, 전체적으로 노란 색이 강조된 듯한 색감입니다. 프롬프트에 'fire(불)' 키워드를 추가했더니, 붉은 빛이 돋보이는 이미지도 생성되었습니다.

## 04 이미지를 저장하세요.

생성된 네 개의 이미지 중 원하는 것을 선택합니다. 이미지를 마우스 오른쪽 버튼으로 클릭한 후 [이미지를 다른 이름으로 저장]을 선택하면 이미지를 다운로드할 수 있습니다.

멋진 이미지네요. 스테이블 디퓨전 온라인은 사실적인 묘사에 강합니다. 사진과 비견해도 뒤지지 않죠.

## 프롬프트 작성 팁

스테이블 디퓨전 온라인의 초기 화면 상단에 위치한 [Search Prompts]를 클릭하면 다른 사용자가 작성한 프롬프트를 검색할 수 있습니다.

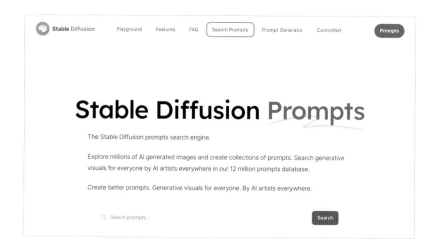

화면 중앙 텍스트 입력 상자에 키워드를 입력하고 [Search]를 클릭하면 됩니다. 예를 들어, 'spaceship'이라고 입력해 볼게요. 여러 가지 우주선 이미지를 볼 수 있습니다.

a photo of 8k ultra realistic corrupted lovecraftian golden humanoid queen wearing a white dress with gold embellishments standing next to a spaceship window overlooking earth, 8 intricate white and gold tentacles, ornate white and gold armour, cinematic lighting, trending on artstation, 4k, hyperrealistic, focused, extreme details, unreal engine 5, cinematic, masterpiece

a horde of people next to a spaceship in a post-apocalyptic city, low angle, flying spaceships in background, hyperrealistic, Blender 8k UHD

San Francisco under orbital bombardment by alien spaceships, fleets of spaceships battling over the city, San Francisco cityscape, missiles, gunfire, sci-fi, digital art, trending,

a detailed and realistic painting of an alien spaceship with 8 k resolution, in the artistic style of fantasy art

a painting of a crashed star wars spaceship in the grand prismatic spring yellowstone landscape, a detailed matte painting by peter madsen, featured on artstation, space art, matte painting, matte drawing, reimagined by industrial light and magic

the expanse tv show spaceship interiors realistic dramatic lighting stills 4 k

detailed textures, photorealistic, colorful, raytracing

an armada of spaceships, the fleet of captain dj armin van buuren, viewed from the helm of his ship, extremely detailed oil painting, unreal 5 render, rhads, bruce pennington, studio ghibli, tim hildebrandt, digital art, octane render, beautiful composition, trending on artstation, award - winning photograph, masterpiece

눈에 띄는 프롬프트와 이미지를 참고하면 원하는 스타일의 이미지를 생성하는 노하우를 얻을 수 있습니다.

모방은 창조의 어머니라고들 합니다. 훌륭한 프롬프트에 창의력을 한 방울 섞어 나만의 개성이 담긴 이미지를 생성해 보세요. 다양한 프롬프트를 탐색하고, 시도할수록 점점 더 능숙해지는 것을 느낄 수 있을 겁니다.

 A realistic chameleon on the spaceship with 8K resolution

우주선에 탄 진짜 카멜레온. 8K 해상도로

📑 이따금 스테이블 디퓨전 온라인에서 [Search Prompts]가 잘 작동하지 않는 경우가 있습니다. 이럴 때는 렉시카 아트(Lexica Art)에 접속하여 프롬프트를 검색해 볼 수 있습니다. 렉시카 아트는 〈더 알아보기〉에서 자세히 살펴봅니다.

### 허깅페이스 스테이블 디퓨전 스페이스 사용법 익히기

이번에는 허깅페이스huggingface에서 스테이블 디퓨전을 사용하는 방법을 소개합니다. 허깅페이스는 트랜스포머 기반의 딥러닝 모델을 무료로 호스팅하는 웹사이트입니다. 대규모 언어 모델을 위한 트랜스포머 라이브러리를 만들고, 제공하며, 테스트할 수 있는 공간도 마련해 두었습니다. 트랜스포머 기반의 딥러닝 생태계의 중심축을 담당한다고 해도 과언이 아니죠.

그럼 허깅페이스에서 스테이블 디퓨전을 사용해 보겠습니다. 역시 로그인할 필요가 없고, 완전히 무료입니다.

**01 허깅페이스 스페이스에 접속하세요.**

허깅페이스의 스테빌리티 AI 스페이스는 스테이블 디퓨전 모델을 테스트해 볼 수 있는 공간을 제공합니다. 웹 브라우저에서 스테이블 디퓨전 스페이스 (https://huggingface.co/spaces/stabilityai/stable−diffusion)에 접속하세요.

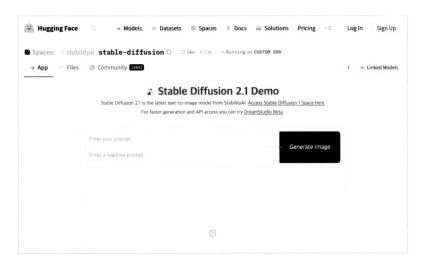

▌ 스테이블 디퓨전 스페이스는 스태빌리티 AI에서 직접 만들었습니다.

## 02 프롬프트를 입력하세요.

화면 중앙에는 프롬프트를 작성할 수 있는 입력 상자가 두 개 있습니다. 첫 번째는 일반 프롬프트를, 두 번째는 네거티브 프롬프트negative prompt를 작성하는 상자입니다. 네거티브 프롬프트에는 생성할 이미지에서 제거할 항목 또는 원치 않는 키워드나 스타일 등을 지정할 수 있습니다.

스테이블 디퓨전 온라인에서 시도했던 것과 같은 프롬프트로 이미지를 생성해 보겠습니다. 대신 이미지에 에펠 탑이 나오지 않게 네거티브 프롬프트로 'Eiffel tower'를 지정하겠습니다. 프롬프트와 네거티브 프롬프트를 작성하고 [Generate image]를 클릭하세요.

 Autumn in paris, beautiful, mist, smoke, rain, yellow, fire, high quality

파리의 가을, 아름다움, 안개, 희뿌연, 비, 노랑색, 불, 고해상도

---

Eiffel Tower

에펠 탑

네거티브 프롬프트에 'Eiffel Tower(에펠 탑)'을 입력했음에도 불구하고 첫 번째 이미지에는 에펠 탑이 보입니다. 하지만 나머지 이미지는 에펠 탑 없이 잘 생성되었네요.

허깅페이스에서 스테이블 디퓨전을 쓰는 방법도 간단하죠? 다만 허깅페이스에서는 종종 이미지 생성에 수 분이 걸리기도 합니다. 빠르게 이미지를 생성하고 싶다면 스테이블 디퓨전 온라인을 쓰는 것이 낫겠네요.

스테이블 디퓨전을 사용해 이미지를 생성하는 두 가지 방법을 소개했습니다. 쉽고 간단하게, 사실적인 이미지를 얻을 수 있었죠. 그리고 여기, 뜨거운 논쟁의 중심에 있는 또 다른 이미지 생성 인공지능이 있습니다. 이름하여 미드저니midjourny입니다.

## 미드저니

2022년, 미드저니로 생성한 작품 '스페이스 오페라 극장Space Opera Theater'이 콜로라도 주립 박람회 미술 대회 디지털 아트 부문 1등을 차지했습니다. 인공지능이 생성한 이미지가 예술이냐, 아니냐를 두고 논쟁이 펼쳐지며 미드저니는 단숨에 가장 유명한 이미지 생성 인공지능이 되었죠. 이름값에 걸맞게, 미드저니가 생성하는 이미지는 깜짝 놀랄 만한 수준입니다. 한번 사용해 봅시다.

### 미드저니 회원 가입하기

미드저니는 디스코드Discord 서버에서 작동한다는 독특한 특징이 있습니다. 디스코드는 다양한 주제를 다루는 커뮤니티 사이트로 채팅은 물론 음성과 영상 커뮤니케이션을 지원합니다. 미드저니는 디스코드를 통해 이미지 생성 명령을 내리므로, 디스코드 계정이 필요합니다. 회원 가입부터 차근차근 시작해 보겠습니다.

## 01 미드저니에 접속하세요.

웹 브라우저에서 미드저니(https://www.midjourney.com)에 접속하세요. 초기 화면 우측 하단의 [Join the Beta]를 클릭하면 디스코드로 미드저니에 초대를 받을 수 있습니다.

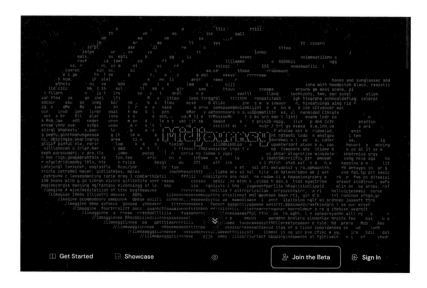

📗 이미 계정이 있다면 [Sign In]을 클릭하세요.

## 02 디스코드에서 닉네임을 입력하세요.

디스코드의 미드저니 서버에 초대를 받았다는 화면이 보이네요. [사용자명] 입력 상자에 닉네임을 입력하고 [계속하기]를 클릭하세요.

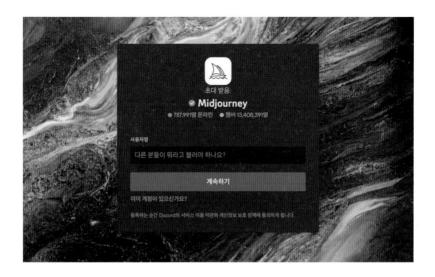

### 03 디스코드에서 생일을 입력하세요.

닉네임을 입력하면 계정 만들기 화면으로 연결됩니다. '사람입니다'에 체크하여 검사를 마치면, 생일을 입력해야 합니다. 디스코드의 연령 제한 정책으로 인해 만 13세 미만의 아동은 사용이 제한되기 때문입니다. [생년월일]을 입력하고 [완료]를 클릭하세요.

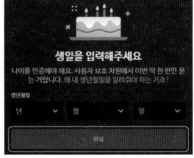

## 04 이메일을 인증하세요.

가입 완료 화면에서 인증을 위해 필요한 [이메일]과 [비밀번호]를 입력한 후 [계정 등록하기]를 클릭하면 입력한 이메일 주소로 인증 메일이 발송됩니다.

발송된 인증 메일 하단의 [이메일 인증]을 클릭하면 가입이 완료됩니다.

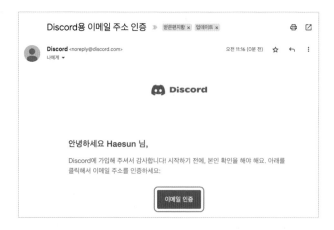

### 디스코드 살펴보기

디스코드로 로그인하여 미드저니에 가입하면 다음과 같은 화면을 볼 수 있습니다.

다이렉트 메시지

서버 목록

서버 추가

공개 서버 검색

디스코드 앱 다운로드

채널 목록

도움말

받은 편지함

검색

채널 내 메시지

내 계정

설정

메시지 입력 상자

이미지를 생성하기 위해 채널에 입장해 봅시다. 좌측 메뉴에서 [Midjourney]를 클릭하고 하단 채널 목록에서 [NEWCOMER ROOMS]의 하위 채널인 [newbies-46]을 클릭해 볼게요. [NEWCOMER ROOMS]에 있는 어떤 채널에 입장해도 동일하게 이미지를 생성할 수 있습니다.

채널에 입장하면 우측에 채팅 화면이 보이고, 사용자들이 입력한 프롬프트와 이미지가 실시간으로 업로드됩니다.

화면 아래 메시지 입력 상자에 '/imagine'이라고 쓰고 스페이스 바를 누르면 다음 그림처럼 프롬프트를 입력할 수 있습니다.

■ 미드저니의 요금 정책은 GPU 타임이라는 자원을 기준으로 형성되어 있습니다. 요금 정책에 대해서는 뒤에서 다시 언급하겠습니다.

### 미드저니 사용법 익히기

그럼 프롬프트를 작성하고 이미지를 생성해 보겠습니다. 미드저니는 예술성이 돋보이는 묘사가 장점인 이미지 생성 AI 서비스입니다. 이를 고려해서 멋진 이미지를 기대해 봄직한 프롬프트를 작성해 보겠습니다. 인간과 인공지능 사이의 전쟁을 그리면 어떨까요?

### 01 프롬프트를 작성하세요.

미드저니의 메시지 입력 상자에 '/imagine'를 작성하고 prompt 뒤에 프롬프트를 입력한 후 [Enter]키를 누릅니다. 가로로 긴 이미지를 생성하기 위해 프롬프트 끝에 --ar 2:1을, 창의적인 이미지를 생성하기 위해 --stylize 500을 덧붙였습니다.

A high-quality image that describes the fierce battlefield between humans and artificial intelligence --ar 2:1 --stylize 500

사람과 인공지능 사이에 벌어지는 치열한 전쟁터를 묘사한 고품질 이미지

■ 프롬프트 뒤에 '--ar 2:1', '--stylize 500'같이 덧붙여, 이미지의 세부 옵션을 지정하는 문구를 파라미터라고 합니다. 뒤에서 더 자세히 설명하겠습니다.

## 02 이용 약관에 동의하세요.

미드저니에 이미지를 요청하는 것이 처음이라면 다음 그림처럼 이용 약관에 동의하라는 메시지가 나타납니다. [Accept ToS]를 클릭하면 이용 약관에 동의하는 것으로 인식하고, 이미지 생성을 시작합니다.

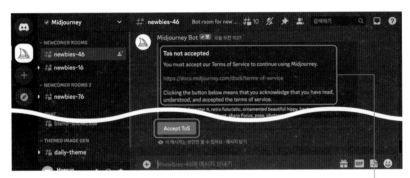

TOS(서비스 이용 약관) 수락 필요
미드저니를 계속 사용하려면 서비스 이용 약관을 수락해야 합니다.
https://docs.midjourney.com/docs/terms-of-service
아래 버튼을 클릭하면 이용 약관을 읽고, 이해하고, 동의한 것으로 간주합니다.

## 03 이미지가 생성됩니다.

미드저니는 스테이블 디퓨전 기반의 모델이므로 처음 이미지가 생성될 때는 흐릿하게 보이다가 점차 선명해집니다. 잠시 기다리면…… 와! 멋진 이미지를 네 개 생성해 주었습니다.

## 04 이미지를 변형해 보세요.

미드저니에서 생성한 이미지는 업스케일upscale과 베리에이션variation으로 변형할 수 있습니다. 이미지를 업스케일링하면 디테일을 추가하고, 해상도를 높입니다. 베리에이션은 비슷한 스타일을 유지하면서 디테일을 조금씩 변형합니다.

먼저 생성된 이미지 아래에 있는 [V3]을 클릭해 3번 이미지를 여러 버전으로 베리에이션해 달라고 요청해 보겠습니다.

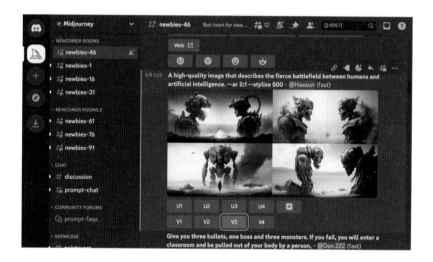

**NOTE**   이미지는 왼쪽부터 오른쪽, 위부터 아래 순서로 각각 1번, 2번, 3번, 4번입니다. 이미지 아래에 있는 [U1], [U2], [U3], [U4]는 업스케일을, [V1], [V2], [V3], [V4]는 베리에이션을 수행하는 버튼입니다. 🔄 버튼을 누르면 같은 프롬프트로 이미지를 다시 생성합니다.

비슷하지만 디테일이 조금씩 다른 이미지를 다시 네 개 생성해 주었습니다. 이번에는 [U3]을 클릭해서 3번 이미지를 업스케일링해 보겠습니다.

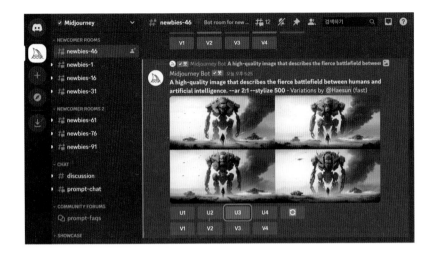

인공지능 로봇의 묘사나 배경이 더 세밀하고 화려해졌습니다. 멋진 이미지입니다. 마치 SF 영화의 한 장면 같네요.

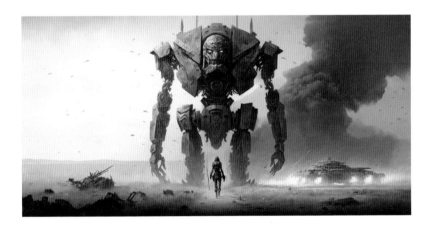

📕 이미지를 클릭하면 팝업 창에서 조금 더 크게 볼 수 있습니다. 팝업 창 아래 [브라우저로 열기]를 클릭하면 새로운 브라우저 탭에서 이미지를 볼 수 있습니다.

**NOTE** 디스코드는 실시간으로 사용자들의 프롬프트가 갱신되기 때문에 내가 요청한 이미지를 찾기 어려울 수 있습니다. 화면 우측 상단에 있는 ✉ 아이콘을 클릭하면 [받은 편지함]에서 내 이미지가 얼마나 생성되었는지 확인할 수 있습니다. 메시지에 마우스 커서를 가져가면 [이동하기]가 활성화되는데 이를 클릭하면 내 프롬프트로 이동합니다.

**프롬프트 작성 팁**

미드저니는 프롬프트에 파라미터를 덧붙여 옵션을 지정할 수 있습니다. 파라미터는 미드저니 온라인 문서(https://docs.midjourney.com/docs/parameter-list)에서 확인할 수 있습니다. 그중 자주 쓰이는 몇 가지를 소개하겠습니다.

| 파라미터 | 기능 |
|---|---|
| --aspect ⟨n:n⟩ 또는 --ar ⟨n:n⟩ | 이미지의 비율을 지정합니다.<br>⟨n:n⟩ 자리에 숫자를 지정할 수 있습니다. 아무 파라미터도 덧붙이지 않으면 기본값은 1:1 비율의 이미지를 생성하는 것입니다. 예를 들어 프롬프트 끝에 --ar 2:3을 덧붙이면 너비와 높이의 비율이 2:3인 세로로 긴 이미지가 생성됩니다.<br>주의할 점은 비율을 반드시 정수로 지정해야 한다는 것입니다. 즉, --ar 1:1.2처럼 소수로 지정할 수 없습니다. 이 경우, --ar 10:12와 같이 작성하면 올바르게 이미지를 생성합니다. |

| | |
|---|---|
| --version ⟨n⟩ 또는 --v ⟨n⟩ | 미드저니 모델의 버전을 지정합니다.<br>⟨n⟩ 자리에 1~5 사이의 숫자 또는 5.1을 지정할 수 있습니다. 아무 파라미터도 덧붙이지 않으면 기본값은 버전 5.1입니다. 만일 버전 5 모델을 쓰고 싶다면, 프롬프트 끝에 --v 5를 덧붙입니다. |
| --quality ⟨n⟩ 또는 --q ⟨n⟩ | 이미지의 품질을 지정합니다.<br>아무 파라미터도 덧붙이지 않으면 기본값은 1입니다. 미드저니 모델 버전 5의 경우 ⟨n⟩에 0.25, 0.5, 1을 지정할 수 있습니다. |
| --stylize ⟨n⟩ 또는 --s ⟨n⟩ | 이미지의 스타일을 조정합니다.<br>⟨n⟩ 자리에 0부터 1,000 사이의 수를 지정할 수 있습니다. 아무 파라미터도 덧붙이지 않으면 기본값은 100입니다. 숫자가 클수록 미드저니의 미적 창의성이 더해지며, 숫자가 작을수록 프롬프트에 충실한 이미지가 생성됩니다. |
| --no ⟨prompt⟩ | 네거티브 프롬프트를 지정합니다.<br>⟨prompt⟩ 자리에 배제할 대상을 입력할 수 있습니다. 예를 들어 '--no human'은 이미지에 사람이 나오지 않게 합니다. |

프롬프트에 매번 파라미터를 지정하는 것이 번거롭다면, 몇 가지 옵션을 기본값으로 설정할 수도 있습니다. 메시지 입력 상자에 '/settings'를 입력하세요. 다음과 같은 화면에서 원하는 옵션을 선택하면 됩니다.

| 옵션 | 기능 |
|---|---|
| MJ version | -- version ⟨n⟩ 파라미터와 동일하게 미드저니 모델의 버전을 지정합니다. |
| Niji version | 만화나 애니메이션 화풍에 특화된 이미지를 생성합니다. |

| RAW mode | 미드저니의 창의력을 배제하고 프롬프트에 충실한 이미지를 생성합니다. |
| --- | --- |
| Style | ―― s 〈n〉 파라미터와 동일하게 이미지의 스타일을 조정합니다. |
| Public | 퍼블릭 모드(Public mode)에서는 생성된 이미지가 공개됩니다. |
| Remix mode | 프롬프트를 수정하여 이미지를 재생성합니다. |
| Fast | 이미지 생성에 걸리는 시간을 지정합니다. |

2023년 5월 4일부터 미드저니의 버전이 업그레이드되어, 이미지의 품질이 향상되었습니다. 이전까지는 버전 4가 기본 설정이었지만, 이 글을 쓰는 시점에서는 버전 5.1이 기본입니다. 비교해 볼까요? 다음은 모두 같은 프롬프트를 입력하고 버전만 달리 하여 생성한 이미지입니다.

 The dolphins swimming in the tropical ocean.

열대 지방에서 헤엄치는 돌고래

왼쪽부터 순서대로 버전 4, 버전 5, 버전 5.1입니다.

RAW 모드 역시 미드저니가 업그레이드되며 추가된 기능입니다. 미드저니는 RAW 모드를 '의견 없음(unopinionated)'이라고 표현하는데, 말하자면 결과물에 미드저니의 창의력이 개입하지 못하게 하여 프롬프트에 충실한 이미지를 생성하는 기능입니다. '/settings'를 입력하여 [RAW mode]를 클릭하거나, 프롬프트 뒤에 '--style raw'를 덧붙여서 활성화할 수 있습니다.

한편, 애니메이션이나 만화의 화풍을 구현할 수 있는 Niji 버전도 인기입니다. 특정 작가의 화풍을 모방하는 것도 가능하며, 독특한 배경과 세계관 묘사에도 강합니다. 역시 같은 프롬프트로 RAW 모드와 Niji 버전도 생성해 보겠습니다.

왼쪽은 RAW 모드, 오른쪽은 Niji 버전입니다.

미드저니는 파라미터와 옵션을 통해 세부 사항을 지정하고, 다채로운 화풍으로 이미지를 생성할 수 있다는 것이 장점입니다. 또 디스코드 서버를 기반으로 하기 때문에 다른 사람의 프롬프트를 실시간으로 볼 수 있습니다.

📔 요금 정책을 Pro로 업그레이드하면 비공개로 이미지를 생성할 수 있습니다. 메시지 입력 상자에 '/stealth' 또는 '/private'을 입력하세요.

멋진 이미지를 발견하면 해당 프롬프트를 살펴보고 노하우를 키워 보세요. 사진과 그래픽 전문 용어를 사용해 프롬프트를 작성하면 아주 화려한 이미지도 생성할 수 있습니다.

underwater ㄲ, retro futuristic, ornamented beautiful hippy, haute couture, intricate hairstyles, luxury, fashion shoot, sharp Focus, pose, photoretrait, Unreal Engine 5, Cinematic, sharpen, Grading, focus sharp, Depth of Field, hyper-detailed, beautifully color-coded, insane details, intricate details, beautifully color graded, Unreal Engine, Cinematic, Color Grading, Editorial Photography, Photography, Photoshoot, Depth of Field, DOF, White Balance, 32k, Super-Resolution, Megapixel, Pro Photo RGB, VR, Half rear Lighting, Backlight, Natural Lighting, Incandescent, Moody Lighting, Cinematic Lighting, Studio Lighting, Soft Lighting, Volumetric, Conte-Jour, Beautiful Lighting, Accent Lighting, Global Illumination, Screen Space Global Illumination, Ray Tracing Global Illumination, Scattering,Canon EOS 5D Mark IV DSLR, 50mm, f/1.2, ISO 100, 1/1000, Glowing, Shadows, Rough, Shimmering, Ray Tracing Reflections, Lumen Reflections, Screen Space Reflections, Diffraction Grading, Chromatic Aberration, GB Displacement, Scan Lines, R a y Traced,, Anti-Aliasing, FKAA, TXAA, RTX, SSAO, Shaders, OpenGL-Shaders, GLSL-Shaders, Post Processing, Post-Production, Cell Shading, Tone Mapping, CGI, VFX, SFX, insanely detailed and intricate, hyper maximalist, elegant, hyper realistic, super detailed, dynamic pose, photography, Hyper realistic, volumetric, photorealistic, ultra photoreal, ultra-detailed, intricate details, 8K, super detailed, full color, ambient occlusion, volumetric lighting, high contrast --v 4 --q 2 --ar 2:3

수중, 레트로 퓨처리스틱, 장식이 화려한 아름다운 히피, 오트 쿠튀르, 화려한 헤어 스타일, 고급스러운, 패션 촬영, 선명한 초점, 포즈, 초상화, 언리얼 엔진5, 시네마틱한, 세밀한, 컬러 그레이딩, 선명한 초점, 초점 깊이, 매우 자세한, 아름다운 색감, 미친 디테일, 복잡한 디테일, 아름다운 컬러 그레이딩, 언리얼 엔진, 시네마틱한, 컬러 그레이딩, 사진 편집, 사진 기술, 사진 촬영, 초점 깊이, DOF, 화이트 밸런스, 32k, 초고해상도, 백만 화소, 프로 포토 RGB, 가상 현실, 반반 후면 조명, 후면 조명, 자연광, 백열등, 분위기 있는 조명, 시네마틱한 조명, 스튜디오 조명, 부드러운 조명, 부피감 있는, 콩트르주르 , 아름다운 조명, 강조 조명, 전체 조명, 스크린 스페이스 글로벌 일루미네이션, 레이 트레이싱 글로벌 일루미네이션, 산란, 캐논 EOS 5D Mark IV DSLR, 50mm, f/1.2, ISO 100, 1/1000, 빛나는, 그림자, 거친, 반짝이는, 레이 트레이싱 반사, 루멘 반사, 스크린 스페이스 반사, 회전 그레이딩, 색차, GB 변위, 스캔 라인, 레이 트레이싱, 안티 앨리어싱, FKAA, TXAA, RTX, SSAO, 셰이더, OpenGL-셰이더, GLSL-셰이더, 후처리, 포스트 프로덕션, 셀 쉐이딩, 톤 매핑, 컴퓨터 그래픽, 비주얼 이펙트, 사운드 이펙트, 엄청나게 상세하고 복잡한, 초현실적인, 우아한, 초현실적인, 초상세한, 동적인 포즈, 사진, 초현실적인, 부피감 있는, 사실적인, 초사실적인, 초상세한, 복잡한 디테일, 8K, 초상세한, 풀 컬러, 앰비언트 오클루전, 부피조명, 높은 대비 --v 4 --q 2 --ar 2:3

## 미드저니 요금 정책

미드저니의 요금 정책은 GPU 타임이라는 자원을 기준으로 형성되어 있습니다. GPU 타임은 이미지를 생성할 때마다 소모되는 시간이라고 생각하면 쉽습니다. 업스케일하거나 변형할 때도 마찬가지로 GPU 타임이 소모됩니다.

가장 저렴한 유료 정책은 월 10달러로, 3시간 20분의 GPU 타임을 제공합니다. 자세한 요금 정책은 미드저니의 온라인 문서(https://docs.midjourney.com/docs/plans)를 참고하세요. 디스코드의 메시지 입력 상자에 '/subscribe'를 입력하면 유료로 결제할 수 있습니다.

유료 정책을 구독하려면 아래 페이지를 여세요!
이 링크는 본인만 볼 수 있습니다. 다른 사람과 공유하지 마세요!

디스코드의 메시지 입력 상자에 '/info'를 입력하고 [Enter]키를 누르면 남은 GPU 타임을 확인할 수 있습니다.

구독 정책: 없음(무료 체험)
작업 모드: Fast
공개 모드: Public
남은 GPU 타임: 21.59분
생성한 이미지 누적 개수:
　　4개(0.09시간 소모)
Relax mode 사용 이미지 누적 개수:
　　0개(0.00시간 소모)

▌ 지금은 신규 사용자에게 제공하는 무료 체험이 중단되었지만, 이따금 무료 체험 이벤트를 진행하기도 합니다.

지금까지 미드저니를 사용해서 환상적인 이미지를 만들어 보았습니다. 미드저니는 돋보이는 예술성으로, 이미지 생성 인공지능의 대명사가 되었습니다.

이미지 생성 인공지능은 예술계의 뜨거운 감자로 연일 화제입니다. 이미 많은 창작자가 새로운 형태의 예술 작품을 만들고, 독창적인 아이디어를 디지털 아트로 실현하고 있죠.

날로 발전하는 인공지능 기술을 두고 낙관론과 비관론이 어지럽게 펼쳐집니다. 우리는 수많은 기대와 우려, 가능성과 한계를 안고 우리에게 주어진 과제가 무엇인지 탐색해야 하죠. 인공지능 기술의 발전으로 우리는 무엇을 기대할 수 있을까요? 사회와 삶은 어떻게 변화할까요? 우리는 지난 수 세기 동안 누구도 하지 않았던 새로운 질문들을 마주하게 될 것입니다. 그 답을 묻는 여정 속에 마주칠 작은 힌트들이 이롭고 가치 있는 것이길 바랍니다.

이미지 출처
1 https://github.com/tensorflow/models/blob/master/research/object_detection/g3doc/img/kites_detections_output.jpg
2 데이비드 포스터, 『미술관에 GAN 딥러닝』, 박해선 역, 한빛미디어(2019)
3 https://nvlabs.github.io/stylegan3/
4 Jonathan Ho, Aja Jain, Peiter Abbeel , "Denoising Diffusion Probabilistic Models", 2020

# Appendix

# 더
# 알아보기

여기까지 읽었다면 이제 여러분은 챗GPT와 이미지 생성 인공지능을 일상과 업무에 자유롭게 사용할 수 있을 것입니다. 부록에서는 이 책의 본문에서 소개하지 않은 다양한 인공지능 서비스와 인공지능 분야의 뉴스를 접할 수 있는 웹사이트를 소개합니다. 마지막으로, 인공지능의 발전으로 성큼 다가올 미래에 우리는 무엇을 해야 할지 생각해 보며 책을 마치겠습니다.

## 또 다른 이미지 생성 인공지능

렉시카 아트Lexica Art는 2022년 스테이블 디퓨전의 프롬프트 검색 엔진으로 시작하여 이제는 이미지 생성 서비스까지 제공합니다. 렉시카 아트(https://lexica.art)에 접속하세요. 로그인하지 않아도 다른 사람의 프롬프트를 검색할 수는 있지만, 이미지를 생성하려면 회원 가입하거나 구글 계정으로 로그인해야 합니다.

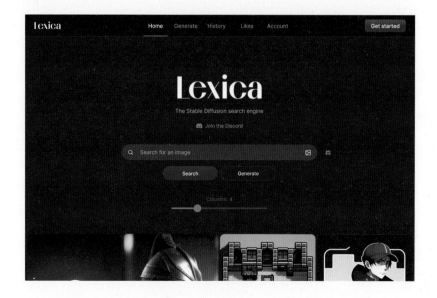

렉시카 아트의 초기 화면에서 스크롤을 아래로 내리면 렉시카 아트로 생성한 이미지를 볼 수 있습니다. 마음에 드는 이미지를 클릭하면 다음과 같이 팝업 창을 통해 이미지 생성에 쓰인 프롬프트를 볼 수 있습니다.

팝업 창의 각 버튼은 다음과 같이 기능합니다.

- Copy prompt(⎘): 프롬프트를 복사합니다.
- Copy URL(🔗): 이미지 바로가기 링크를 복사합니다.
- 새 탭으로 보기(↗): 팝업 창을 브라우저의 새 탭으로 볼 수 있습니다.
- Open in editor(🪄): 프롬프트를 수정하고, 이미지를 재생성할 수 있는 창으로 이동
  합니다.
- Explore this style(❯): 선택한 이미지와 비슷한 다른 이미지를 탐색합니다.

여기서는 [Explore this style]을 클릭해서 유사한 이미지를 탐색해 보겠습니
다. 3D 애니메이션 스타일의 동물 캐릭터 이미지를 보여 주네요.

이 중 마음에 드는 이미지를 골라 프롬프트를 복사하고, 새로 이미지를 생성해 보겠습니다. 이미지를 선택하고 팝업 창에서 [Copy prompt]를 클릭하세요.

렉시카 아트의 초기 화면으로 돌아가, 화면 상단의 [Generate] 메뉴를 클릭하세요. 프롬프트를 입력할 수 있는 상자가 두 개 보일 것입니다. 첫 번째 상자에 복사한 프롬프트를 붙여 넣으세요. 두 번째 입력 상자에는 네거티브 프롬프트를 지정할 수 있습니다. 프롬프트를 모두 입력했다면 하단의 [Generate]를 클릭하세요.

같은 프롬프트로 새로운 이미지 네 장이 생성되었습니다. 귀여운 느낌의 캐릭터네요. 이미지에 마우스를 가져다 대면 이미지 위에 버튼 세 개, 그 아래에 버튼 두 개가 활성화됩니다.

각 버튼의 기능은 다음과 같습니다.

- 베리에이션(⟲, variation): 선택한 이미지와 비슷하지만 조금씩 다른 이미지 네 장을 재생성합니다.
- 아웃페인팅(⤢, outpainting): 이미지의 배경을 확장합니다.
- 편집 및 삭제(✓): 프롬프트 또는 이미지를 편집하거나, 이미지를 삭제할 수 있습니다.
- 다운로드(⬇): 이미지를 파일로 다운로드합니다.
- 즐겨찾기(♥): 클릭하면 렉시카 아트의 Likes 메뉴에서 모아 볼 수 있습니다.

を 클릭해 이미지를 변형해 보겠습니다. 비슷해 보이지만, 눈 모양이나 배경, 옷의 장식이 세부적으로 다른 그림이 생성되었습니다.

다시 이미지에 마우스를 가져다 대고, 이번에는 를 클릭해 아웃페인팅해 보겠습니다. 캐릭터를 중앙에 두고 배경을 확장한 이미지가 생성됩니다.

렉시카 아트는 스테이블 디퓨전 모델 기반의 이미지 생성 인공지능으로, 회원 가입 과정이 간편하고, 한 달에 무려 100개의 이미지를 무료로 생성할 수 있습니다.

이미지 생성 인공지능은 더욱 다양한 서비스와 플랫폼으로 우리 곁에 다가올 것입니다. 비싼 캔버스도, 물감도 필요 없습니다. 멋진 이미지를 생성하기 위해 필요한 것은 이제 상상력뿐입니다.

## 인공지능을 활용한 다른 PDF 요약 서비스

### SciSpace

사이스페이스(typeset.io)는 서지관리 소프트웨어인 조테로Zotero와 연동되어 있으며, 2억 개 이상의 메타데이터와 5,000만 개 이상의 PDF 파일을 보유한 연구 논문 저장소입니다. 가지고 있는 PDF 파일을 업로드하거나, 키워드로 논문을 검색할 수 있습니다.

사이스페이스에서는 논문의 특정 구간을 요약하거나, 관련된 다른 논문을 검색할 수 있습니다. 다국어로 제공되는 서비스로, 한국어를 선택하면 한국어로 응답합니다. 특이한 점은 [Explain math & table] 기능을 통해 표나 수식에 대한 설명을 요청할 수 있다는 것입니다.

PDF 뷰어 상단의 [Explain math & table]을 클릭하고 수식 또는 표에 드래그하여 선택하면 오른쪽 코파일럿 창에 자동으로 응답이 생성됩니다.

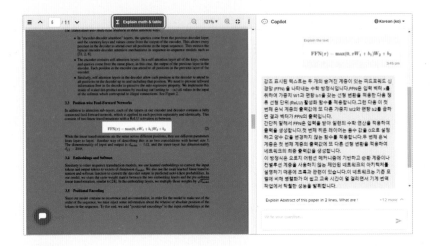

### Docalysis

도칼리시스(docalysis.com)가 제공하는 문서에 따르면, 도칼리시스 챗봇은 계약서, 재무 보고서, 수강 내역서 등 다양한 문서를 분석하는 데 유용합니다. 유효한 이메일 주소를 입력하여 간단히 회원 가입하면 PDF 파일을 업로드할 수 있습니다.

무료로 최대 5MB 크기의 파일을 업로드할 수 있으며, 유료로 결제하면 50MB 크기의 대용량 파일도 분석할 수 있습니다. 요금 정책은 월 14달러를 지불하고 20MB 크기의 파일을 업로드할 수 있는 플러스 플랜Plus plan과 월 35달러를 지불하고 50MB 크기의 파일을 업로드할 수 있는 얼티밋 플랜Ultimate plan으로 나뉩니다. 도칼리시스를 팀 단위 저장소로 사용할 수 있는 비즈니스 플랜Business plan도 지원하죠.

도칼리시스 챗봇 역시 한국어를 지원하며, 응답 시 관련 페이지를 제시하여 응답의 신뢰성을 높입니다.

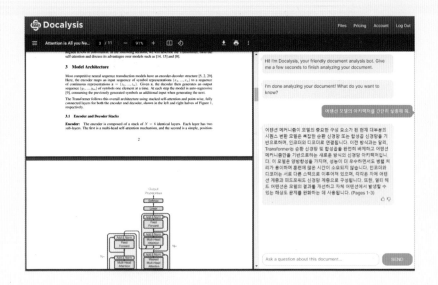

## 인공지능을 활용한 다른 검색 엔진

마이크로소프트 빙처럼 채팅 방식으로 궁금한 것을 묻고 답을 얻을 수 있는
검색 엔진들이 생겼습니다. 대표적인 몇 가지를 소개합니다.

### Perplexity AI

퍼플렉시티 AI(perplexity.ai)는 2023년 1월에 오픈했습니다. 퍼플렉시티
AI의 개발 팀은 오픈AI, 메타Meta, 구글Google, 쿼라Quora의 연구 인력으로
구성되어 많은 관심을 받고 있습니다.

챗봇과 검색 엔진을 결합하여 채팅 형식으로 사용자의 질문에 응답하며, 번역
및 요약 작업을 잘 수행합니다. 또 빙처럼 특정 웹사이트를 전달할 수 있으며,
창의적인 글이나 아이디어를 요청할 수 있습니다.

## You.com

유닷컴(you.com)은 소프트웨어 기업 세일즈포스Salesforce 출신의 인력이 모여 설립되었으며, 2021년 11월 9일에 베타 버전을 공개했습니다.

유닷컴은 일반 검색 엔진으로 시작하였으나, 최근 유챗You Chat이라는 채팅 기능을 추가하였습니다. 인공지능 기반으로 사용자에게 맞춤형 검색 경험을 제공하면서 데이터를 100% 비공개로 유지하는 것이 특징이죠.

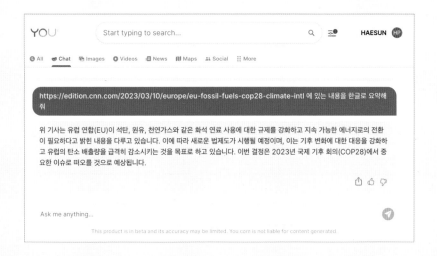

## Phind

파인드(phind.com)는 개발자를 위한 인공지능 검색 엔진입니다. 소프트웨어 개발에 필요한 정보를 검색하면 정확한 답변을 들을 수 있으며, 예시를 제공합니다.

파인드는 채팅 형식의 인터페이스를 제공하지는 않지만, 영문 웹사이트를 한글로 요약하는 등의 작업을 수행할 수 있습니다.

### 출시 예정인 인공지능 검색 엔진

구글은 마이크로소프트의 빙에 대응하여 자사의 인공지능 챗봇 바드Bard를 곧 검색 엔진에 도입한다고 합니다. 구글 클라우드에도 텍스트와 이미지 생성을 위한 인공지능 기능을 추가할 것으로 보입니다.

국내에도 인공지능 기반의 검색 엔진이 등장할 예정입니다. 네이버는 서치 GPTSearchGPT를 올해 안에 공개한다고 발표했고, 카카오 역시 자체적으로 개발한 대규모 언어 모델인 KoGPT를 검색과 메신저 등에 접목한 다다음ddmm 서비스를 공개할 예정입니다.

## 챗GPT와 인공지능에 대한 최신 정보를 얻으려면

인공지능 분야에는 매일 새로운 기술이 생겨나고 개선됩니다. 인공지능에 대한 최신 기술 동향을 알고 싶을 때 볼만한 자료를 소개합니다.

### 참고할 만한 사이트

인공지능에 대한 전문적인 자료를 얻고 싶다면 필자가 운영하는 블로그를 참고하세요. 블로그에는 머신러닝과 딥러닝에 대한 좋은 책들이 소개되어 있습니다. 또 블로그 내의 생성 AI 페이지에는 책에 미처 싣지 못한 생성형 인공지능에 대한 유용한 정보를 제공합니다.

- 저자의 블로그: https://tensorflow.blog/
- 생성 AI 페이지: https://tensorflow.blog/gen-ai

챗GPT와 인공지능에 대해서 가볍게 이야기를 나누고 싶다면 아래 오픈채팅을 방문하세요. 다양한 주제로 소통하며, 의견을 공유하면 많은 도움이 될 것입니다.

- 카카오톡 오픈채팅: https://open.kakao.com/o/gNvQb7mf

**커뮤니티**

챗GPT에 대한 최신 정보와 다양한 용례를 알고 싶다면 페이스북 그룹 ChatGPT KR를 참고하세요. 페이스북 사용자라면 누구나 쉽게 가입할 수 있습니다. 필자도 종종 이 그룹을 방문해 궁금증을 해소한답니다.

• ChatGPT KR: https://www.facebook.com/groups/chatgptkr

챗GPT에 대한 해외의 동향이 궁금하다면 다음 두 웹사이트를 참고하세요.

• https://www.emergentmind.com/
• https://www.reddit.com/r/ChatGPT/

# 이 책을
## 마치며

인공지능의 발전은 모두 불과 몇 년만에 일어났습니다. 그전에는 인공지능 기술이 이토록 가까운 미래에 실현될 것이라고는 예측하지 못했습니다.

무섭도록 급격한 진화를 몸소 체험했기 때문일까요. 혹자는 인공지능을 위협적인 존재로 보기도 합니다. 세계경제포럼World Economic Forum, WEF은 2016년, 인공지능과 로봇의 발전으로 200만 개 이상의 일자리가 생겨나는 대신 700만 개 이상의 일자리가 사라져서 결국 500만 개 이상의 일자리가 사라질 전망이라고 발표했습니다. 또 2025년에는 전체 일자리의 52%를 로봇이 대체할 것이라고 예측했죠.

또 저명한 물리학자인 스티븐 호킹Stephen Hawking은 살아 생전 AI의 등장이 인류의 멸망을 초래할 수도 있다며 경고하기도 했습니다. 오픈AI의 공동 설립자였던 일론 머스크와 세계 4대 인공지능 석학 중 한 명인 요슈아 벤지오Yoshua Bengio 박사 등 인공지능 전문가들도 인공지능의 개발을 잠시 멈추고 안전장치를 준비하자고 주장합니다.

반면, 인공지능이 인류를 위협할 정도로 뛰어난 수준이 아니므로, 지금 시점에서 인공지능 개발을 중단하는 것은 미래를 대비하는 데 전혀 도움이 되지 않는다고 주장하는 전문가도 있습니다. 또 다른 석학인 앤드류 응Andrew Ng과 얀 르쿤Yann Lecun 박사가 대표적인 인사입니다. 얀 르쿤 박사는 우리의 기술이 범용 인공지능에 도달하기에는 아직 갈 길이 멀다고 말합니다.

이렇듯 세계 최고의 인공지능 전문가들조차도 의견이 엇갈리는 것을 보면, 인공지능이 가져올 미래가 어떠할지 정확히 예측하는 것은 불가능할 듯합니다. 하지만 이런 견해의 충돌은 우리가 인공지능 개발의 중요한 길목에 서 있다는 사실을 더욱 공고히 해 줍니다.

사실 인공지능의 진화를 막을 뾰족한 수를 찾기는 어렵습니다. 오히려 챗GPT의 등장으로 대규모 언어 모델의 개발이 가속화되고 있음이 명백하죠. 다만 GPT와 같은 대규모 언어 모델이 정말 범용 인공지능으로 이어지는 길인지 단정할 수는 없습니다.

인공지능의 발전 속도가 너무나 빨라서 놀랍기는 하지만, 종말 영화에 등장하는 아포칼립스를 떠올리며 두려워하지만은 않으셨으면 합니다. 앞으로 인공지능은 더욱 가까이 다가올 것이기 때문입니다.

마이크로소프트는 챗GPT 모델을 자사의 오피스 제품에 연동할 예정입니다. 또한, 운영체제인 윈도우 11에도 코파일럿이 추가될 것입니다. SF 영화에 나오는 것처럼 인격체가 있는 인공지능은 아니겠지만 우리가 컴퓨터로 할 수 있는 모든 작업에 인공지능이 자연스럽게 스며들 것입니다.

멀티 모달 분야도 지금보다 크게 진보해서 챗GPT와 같은 대규모 언어 모델은 텍스트를 넘어 이미지, 음성, 영상 등의 데이터를 이해하고 생성할 수 있게 될 것입니다. 2023년 3월 오픈AI는 챗GPT 플러그인Plugin을 발표했습니다.

이에 따라 챗GPT는 단순한 텍스트 생성 챗봇에서 벗어나 다양한 작업에 활용될 수 있는 도구로서 그 기능을 확장할 것입니다.

챗GPT는 이제 머신러닝 모델이라기보다는 제품에 가깝고, 다양한 서비스를 제공하는 하나의 플랫폼이 되어 가고 있습니다. 국내에도 챗GPT API를 활용한 다양한 서비스가 출시되고 있죠.

챗GPT의 영향력이 커질수록 우려의 목소리도 들려옵니다. 급속도로 발전해온 컴퓨터 과학의 짧은 역사에 비추어 보았을 때, 한 기업이나 애플리케이션이 서비스를 독점하면 좋지 않은 선례로 이어지기 마련이기 때문입니다. 건설적인 담화를 통한 사용자의 자정 노력이 필요한 시점입니다.

GPT-4가 나오기 무섭게 GPT-4.5와 GPT-5에 대한 소문이 돕니다. 한편 조만간 국내외의 수많은 기업에서 다양한 대규모 언어 모델을 선보일 것으로 예상되죠. 업무를 효율적으로 처리하고, 창의적인 아이디어를 구현하는 데 이런 도구들이 중요한 역할을 할 것입니다.

어쩌면 미래에는 오늘날이 역사의 한 장면으로 기록될지도 모릅니다. 앞으로 우리의 삶이 얼마나 달라질지 궁금하고 또 기대되네요. 여러분과 저의 미래가 놀랍고 흥미진진한 일로 가득할 것이라고 믿습니다.

# 찾아보기

# 찾아보기